用接纳
成就孩子的一生

美式教育的秘密

[美] 蔡真妮 /著

北京师范大学出版集团
BEIJING NORMAL UNIVERSITY PUBLISHING GROUP
北京师范大学出版社

图书在版编目(CIP)数据

用接纳成就孩子的一生／（美）蔡真妮著.—北京：北京师
范大学出版社，2014.6

ISBN 978-7-303-12728-3

Ⅰ.①用… Ⅱ.①蔡… Ⅲ.①家庭教育 Ⅳ.①G78

中国版本图书馆CIP数据核字（2014）第039240号

营 销 中 心 电 话　　010-58805072 58807651
京师心悦读新浪微博　　http://weibo.com/bjsfpub

YONG JIENA CHEGNJIU HAIZI DE YISHENG
出版发行：北京师范大学出版社 www.bnup.com
　　　　　　北京新街口外大街19号
　　　　　　邮政编码：100875
印　　刷：北京京师印务有限公司
经　　销：全国新华书店
开　　本：170mm×240mm
印　　张：15.5
字　　数：192千字
印　　数：1～20 000
版　　次：2014年6月第1版
印　　次：2014年6月第1次印刷
定　　价：38.00元

策划编辑：谢雯萍　　责任编辑：王　蕊
美术编辑：袁　麟　　装帧设计：红杉林文化
责任校对：李　菡　　责任印制：陈　涛
营销编辑：张雅哲　　zhangyz@bnupg.com

父母的接纳，成就孩子的一生

我是真妮的粉丝，她的书我都买了看，而且手边准备了氧气罐和速效救心丸，因为怕不知道看到哪段就会笑背过气去。真妮拥有女性中极为罕见的超级幽默感，而拥有这种幽默感的人，往往也是拥有大智慧的人，更是内心充满爱的人。我时时去她的博客坐一坐，看她把平平常常的日子过得有声有色，再普通的事情到了她笔下，也会写出令人捧腹的段子。真妮的文字给人欢乐，也给人力量，养分极其充足。

更让我欣喜的是，我们两人的教育理念出奇地相似，看她发的育儿微博，常觉得说出了我的心里话。她生了三个天性禀赋迥然不同的孩子，先不用说什么理论，仅仅从经验上讲，真妮就比大多数中国父母丰富。

前些日子，真妮给我来信，说她刚完成了一本家教书稿，重点讲述父母应如何接纳孩子，想请我为书写个序言。我轻易不答应为别人写序，如果要写，一定要读过全书才行，于是真妮将书稿发了过来。我也近水楼台先得月，率先畅读了全书。

开篇就是一对表兄弟的对话，一个来自国内主流教育体系，一个在美国长大，两人代表了截然相反的价值观和人生观。表哥说的那些话，我耳熟能详，在十几年和家长打交道的经历中，这套似是而非的逻辑占领了主流话语权，泯灭了无数孩子的梦想、摧毁了他们的创造力和冒险的勇气，逼迫着他们按部就班地得高分、争第一、考名校，机械而麻木地满足父母的期待；而衡量一切的，只有分数、职业和薪金这把既短小又狭隘的标尺。表哥不假思索从父母那里全盘接受的逻辑，在表弟面前不攻自破；表哥经过深思熟虑之后，终于得出了属于自己的结论。

如果说，我写的那些书，侧重点基本上是在学龄前儿童以及小学阶段孩子的养育态度和方法上，真妮的这本书，则恰好补充了我的书，偏重于讲述大孩子的故事。她生活在美国，接触到很多中国留学生以及成长中的华裔子弟，她的视野更集中在这些孩子的后续发展上。其中的一些篇章讲述了因为父母不接纳孩子，虽精心培养却把孩子养"残"了的事例，发人深省。书中反思了父母在育儿观念上和认知上的常见误区，并具体地讲解了父母应该如何接纳正在成长中的孩子、和孩子沟通交流的技巧。她还介绍了美国的学校、老师、家长对待孩子的态度以及教育理念。

书中最能体现真妮诙谐幽默风格的，是她讲述自己家三个宝贝的成长故事，读着读着会忍不住哈哈大笑起来，在轻松阅读的同时，真妮的育儿观润物无声地传递了出来。书的最后一部分，是用问答形式来解答父母的一些常见问题，虽然都是个案，每一个都极富代表性，而真妮的解答往往像春风一般和煦，透着满满的爱，令人读来既受益又感动。

祝愿这本《用接纳成就孩子的一生》，像真妮的第一本育儿书《用尊重成就孩子一生》一样广受欢迎！

小巫

2014年3月25日

目录
contents

第一篇　教育反思　001

第四篇　家有儿女长在美国 139

第一篇
教育反思

表兄表弟关于学习成绩与未来的争论

有个男孩聪慧好学，品学兼优，从小到大都是他们家族的骄傲，是周围亲戚朋友中的孩子们的榜样。他在国内考上了一流大学，毕业后申请来美国读博士。来美后的第一个圣诞节假期，他到已定居在美国的姑姑家过节。姑姑家的表弟正在上高中，可学习并不努力，假期他不读书不学习，有空就摆弄乐器，自己合成音乐，天天只看他戴着耳机摇头晃脑……

表哥和表弟相处了几日，忍不住替他着急起来，有一天晚饭后，两个人聊天，他开口劝表弟说："你已经上高中了，得把主要精力放在学习上了。我看你在家里根本不看书，这样不行的。你不努力学习，将来就进不了好大学，进不了好大学以后就找不到好工作……"

表弟问："你认为什么样的工作才称得上是好工作呢？"

表哥回答："当然是收入高、稳定又体面的工作了，比如医生、金融行业、律师、工程师等。"

"按照你的说法，其他的工作就不体面了吗？"

表哥迟疑了一下说："也不是不体面了，终究付出同样的时间，得到的回报是不同的，对不对？你以后想干什么呢？"

表弟说："我想自组乐队，出去演出，出唱片。"

表哥顿时瞪大了眼睛说："你自组乐队大概是很容易的，可是能不能红呢？不红就没有演出机会，即使出了唱片也没有人买，你挣不到钱，那你可就成了不务正业了！"

"可你怎么就知道我红不起来呢？没试过怎么知道呢？"

"万一你红不起来，到时候你怎么办？"

"那我就去尝试别的啊！我还可以作曲，配乐，尝试其他的音乐形式……"

"等走到那一步，你耽误了多少时间啊！"

"我没有耽误时间啊！我一直在追随自己的梦想生活啊！"

"你现在是学生，应该在学习上努力，提高学习成绩，争取上好大学。其他的活动在求学阶段都可以说是浪费时间、浪费生命。"

"虽然我花很多时间在音乐上，可我并没有荒废学业，我的学习成绩并不差啊！"

"姑姑说你的成绩最多也就算是中上等，凭你的智商，你是有实力考第一的！"

"我为什么要去考第一？每个年级只有一个人可以当第一，我削尖脑袋去争那个为什么呢？如果一门课我考90分只需花三个小时学习，但是要考到99分就得额外再花上六七个小时，我为什么要为那么几分耗上那么多时间？"

"能够进好大学的学生，都是学校的前几名！"

"我为什么一定要进好大学呢？"

"进了好大学，就可以找到好工作，找到好工作就可以多赚钱，只有赚了钱你才能过上好生活！"

表弟看着表哥，摇摇头："你说来说去，根本的意思就是多赚钱，只有钱多才能够过上好生活。"

"是啊，现在的社会衡量人的标准不就是钱吗？你离了钱寸步难行。上好大学为了好工作，有了好工作就可以多赚钱，就是这样啊！"

"暂且不说赚钱多和好生活能否画等号，单说赚钱，你怎么肯定只有学习好的人才能够赚到钱呢？你看社会上能赚大钱的人有几个是学习第一名的?"

表哥被这个问题噎住了。因为姑姑和姑父刚才还在饭桌上谈论他们大学班上的同学里，最有钱的几位都是当初那些学习处于中下游的同学。他自己的大学同学，学习好的都继续读研究生读博士了，成绩不好的只好想办法就业，有做生意的同学成立了公司，几年间已经小有规模。他出国前同学们在高档酒店为他举行告别宴，请客的那位就是大学时一到考试就抄他试卷很勉强才毕业的同寝室哥们。

表哥皱眉思索了半天，说："其他渠道挣钱也有可能，可那是有风险的，还有机遇问题，并不是人人都可以复制的。而学习却是自己能够把握的，只要你努力，你就一定能够稳稳地走下去，可以掌控自己的前途和命运。"

表弟说："走得不稳当又怎么样呢？我的人生因此而丰富多彩。我怎么觉得你其实是根本没有胆量去尝试其他的生活方式呢？"

表哥很平静地说："现在社会竞争这么激烈，我们家没权没势，我唯一能够抓住的就是努力学习，拥有傲人的成绩这条路。这是我妈妈从我上学那天起就告诫我的话，我们没有资本去冒险走其他的路。如果输了，在社会上就没有立足之地，最后只怕连饭都吃不上了，到那时后悔也晚了。"

表弟听了之后面露同情之色，问道："你不试，怎么知道是输是赢？再说怎么定义输，考不上好大学就是输吗？你确定输了就吃不上饭了？你除了学习，还喜欢干什么呢？"

"我喜欢干什么根本不重要，重要的是我应该干什么，我们都要为自己的生活负责才行！"

"喜欢干什么怎么不重要？你只有做喜欢的事情，你才有热情才能做好。我不愿意付出额外的努力去拿高分，但是我愿意付出额外的时间和精力在音乐上，因为我非常享受这个过程。我相信任何一个行业，都有赚钱的机会，只是你要真的能够投入进去，真的做得够好才行。可是能做好的前提条件一定是自己非常喜欢、极其喜欢。我觉得去做好自己决定做的事情，就是为自己的生活负责了。你前几天还说你并不喜欢现在的专业，你想过吗？如果你一辈子都在做不喜欢的工作，你会多么痛苦。即使赚了钱，你也不会开心的。"

表哥沉思不语。他本来想劝劝表弟的，却因为表弟的一番话，对自己从小到大坚持的理念开始动摇了。

剩下的假日，表哥沉默了很多，一直若有所思的样子，而表弟依然摇头晃脑地玩他的音乐，自得其乐。

表哥临走之前又和表弟长谈了一次。他说："我仔细想过，你最强大的地方，是你有自信，你对自己的未来抱有信心，所以你无所畏惧。而我只有走上好大学找好工作挣钱过安稳日子这一条路，才会心安。我想，即使以后找到了好工作，我大概还是要担心很多事情，这是心态的问题。我走了一条稳当却是成为庸才的路，而你却有可能一飞冲天。不管以后怎么样，至少你现在的状态比我上高中时好，也比我现在好。不担心，不焦虑，很轻松快乐地生活，同时为自己的未来积攒实力。最关键的一点，你心中有热情有梦想。这几天我一直在想，我的梦想到底是什么，可是我找不到，我想在我很小的时候就已经把梦想遗失了。如果生活可以重来，我也希望自己能走你的路。"

平庸儿子与天才儿子

伟妈曾经是高考省理科状元，她老公在小学和中学都跳过级，夫妇两人均属智力超群之人。所以伟妈觉得结合父母的智商，自己的孩子一定会聪明绝顶，如果能下功夫培养，必会成为天才级人物。她从怀孕起就开始了天才培养计划，家里胎教早教的书在书架上占了半壁江山。

儿子大伟来到这个世界不久，还没出月子呢，妈妈就开始教他识字，拿着字卡在他面前晃，一遍一遍地教他发音。家里到处都贴着中文词汇和英文单词，一岁不到妈妈开始教他加减法，可是大伟总是重复多少次才能记住，但不久又会忘掉。

伟妈花了很多心血，但是收效甚微，大伟毫无天才迹象不说，个性顽劣、贪玩，一让他学习就哭闹不已，昨天背的东西今天就忘记了，就喜欢跟小孩在一起疯跑。到了大伟三岁多的时候，伟妈对他失望透顶。

伟妈又怀孕了，她把培养大伟的所有资料都找了出来，重新开始她的天才培养计划。

二儿子小伟让伟妈喜出望外，他从小就显现出了天才的特质，无论学什么都是一点就会，和大伟相比有着天壤之别。于是伟妈把教育重心全部转移在了小伟身上。小伟的时间表总是排得满满的，参加着各种课外活动和辅导班。伟妈的目标很明确，要把儿子培养进美国最著名的学府——哈佛大学。

小伟不到两岁就可以阅读中英文的图画书；三岁可以阅读小说、加减乘除运算；四岁开始学钢琴，十岁时已经考过十级；五岁开始下国际象棋，几年内就获得了本年龄组的全国冠军；小学跳级，初中参加全美数学竞赛进入决赛；高中时参加全国科学竞赛得奖……到了申请大学的时候，他被多所美国一流大学录取。

小伟自己更想去普林斯顿，但是伟妈一直以来的理想就是培养一个哈佛生，这是从小到大让小伟耳朵都磨出茧子的话来：将来要上哈佛，要上哈佛，上哈佛……

伟妈终于如愿以偿，小伟遵母命进了哈佛。

自从有了小伟后，伟妈对大伟就采取了放养的态度，因为在他身上花费十分的力气，得到的成绩只有一分；而如果在小伟身上花费十分的力气，会得到一百分的回报。她的精力有限，难以兼顾，干脆就重点培养小儿子。

大伟在学校一直成绩平平，有时收到学校寄来的成绩单，伟妈会唠叨几句："你看看你弟弟的成绩，再看看你，同样都是我的儿子，怎么会相差这么多！你就知道玩，以你这样的成绩，以后怎么办？上不了好大学，找不到好工作就得去打工，将来有你哭的时候！"大伟不以为意，照样跟朋友们一起疯玩，打球、玩游戏，玩年轻人各种有趣的新鲜事物，他性格开朗，人缘很好，除了被妈妈碎碎念的时候，其他时间都快乐无比。

高中毕业后，他上了当地的州立大学，选学了自己最喜欢的计算机专业。课余时间他和几个同学自编程序，专攻破解黑客入侵。他们捣鼓出来的东西得到了专业公司的认可，几个人毕业后都被业内的大公司录用。工作了一段时间之后，大伟感觉在大公司中当一个螺丝钉有点束手束脚，他约了两个伙伴自己成立公司进行新产品开发。经过几年的努力，他们终于开发出了有价值的产品。随后公司被大公司收购了，几个创始人的身家均以千万计，大伟依然在公司内做管理工作，事业做得有声有色。

大伟上大学期间，正是小伟风头十足的时候，参加各种竞赛，出席各种颁奖活动。伟妈全程陪伴着小伟，对于大伟在大学干了什么她基本不清楚。

大伟大学毕业时小伟被哈佛录取，伟妈觉得自己的人生已达到了巅峰，春风得意之至，小儿子实现了她的人生理想；大儿子竟然被世界著名的大公司录用，真乃意外之喜，锦上添花，不过比起小儿子的成就，还是略逊一筹。

等到大伟辞职自创公司，伟妈很不苟同，觉得别人都是削尖了脑袋想进这种世界一流的公司，大伟已经进去了却主动放弃，不是太傻了吗？再说自己创业要冒多大的风险！但是多年来她一直放任大儿子，这个时候想管也管不了了。大伟人在外地，非常独立，电话里与父母说起自己的事都是轻描淡写，父母根本搞不清楚他到底处于什么状态。

伟妈还是一心扑在小伟身上，天天电话问候，嘘寒问暖。小伟自从上了哈佛以后，并没有继续他在中学时的辉煌，没有做出什么业绩能让伟妈继续自豪下去。伟妈希望像以前在高中那样参与小伟的选课，小伟却将自己的学生账户设置了密码，伟妈进不去，问他，他也不愿意多说。问多了，他就不耐烦地说："妈，你的理想不就是让我考上哈佛吗？我现在考上了，你还要求什么？"伟妈无话可说：是啊，儿子已经考上哈佛了，可是，还是想让他继续出成绩吧？

后来大伟在一次谈话中无意透露出小伟在学校玩电脑游戏，还问过他一些游戏方面的事情。

伟妈着急了，打电话质问小伟是不是玩游戏耽误了学业。小伟满不在乎地说："妈，我从小到大都没有好好玩过，现在玩玩也是应该的，反正我已经考上哈佛了，现在也该尽情玩了。"

伟妈还像小时候那样采用紧逼盯人战术，试图把小伟的时间管制起来，小伟干脆就不接她的电话了，假期也不回家，伟妈有时不得不通过大伟来打探小伟的情况。想通过切断经济来源的方式控制小伟，小伟无所谓，倒是伟妈自己舍不得，仅仅是口头威胁一下而已。

等到小伟大学毕业的时候，全家兴致勃勃地到哈佛参加他的毕业典礼，小伟自己却一副意兴阑珊的样子。毕业典礼结束后，他把毕业证书交到伟妈手上说："妈，你交给我的人生使命我已经为你完成了，这是证明，你好好收着。"

伟妈拿着那个毕业证书，不知该怎么回答这个自己最疼爱最引以为豪的儿子。

小伟毕业之后，没有出去找工作，对读研读博也不感兴趣，每天就是窝在家里玩游戏。伟妈唠叨他，小伟就是那句话："我的人生使命都完成了，你就别再对我提要求了。"说得多了，他就搬到同学家去住几天，过些日子回家了，依旧是白天睡到日出三竿，晚上打游戏到半夜。

这个时候大伟成立的公司被收购，他当上了公司的CEO，意气风发，和小伟的懒散无为形成了鲜明对照。

伟妈这时在亲朋好友之间，就把大伟挂在了嘴上，小伟则变成了她和别人谈话的忌讳，羞于启齿，因为她不能解释小伟一直窝在家里的做法。

对小伟说的话变成了："你看看你哥哥，你比他聪明多少倍，他都能干出个公司来，你稍微努努力就可以干出一番事业来，这样无所事事完全是在浪费自己的才华！"

小伟满不在乎地说："妈，我的事业就是上哈佛，我已经完成了！"伟妈再说多了，他会说："妈，你注意到没有，每一个时期你都有一个让你自豪的儿子，也有一个让你失望的儿子。天下没有十全十美的事，你很幸运了，总有个儿子让你自豪，你得知足。我哥还能让你自豪好多年呢，你就不用再操心我了。你再逼我，我就到非洲去。"伟妈知道他有同学在非洲当义工，吓得再也不敢对他唠叨了。

可是，这么个天资超群的儿子，上了哈佛的儿子，怎么就变成了宅男，一无所成呢？

读博士为了什么

一次到朋友家去参加圣诞聚会，见到从国内来留学的女孩小文。小文聪慧漂亮，言谈举止大方有礼，博士毕业在即。大家和她聊天自然就谈到她的专业以及是否已经找到了工作等问题。小文学的专业和医学研究相关，她所在学校的这个专业在全美排名第一，而且整个行业的工作缺口很大，所以大家都觉得她找工作完全不成问题。不过小文提起工作就忧心忡忡的，因为至今还没有工作单位接受她，对于未来她说自己心里一点底都没有。

我和小文聊天，说起她的专业前景很好，问她当初怎么想到选这个专业的。她叹口气说："我不知道，都不是我自己选的，全是父母替我选的。从小到大一步一步地就按照父母的安排走过来了。当初在国内考大学时，父母说学医好，我就报了医学院，上了国内一流的医学院。后来看大家都出国，父母说我也应该出来看看，我就考托福和GRE，因为外国学生很难直接在美国学医，所以父母建议我读这个和医学相关的专业。我来了之后是越读越不喜欢，可是自己难以下决心去换专业，一直都很为这件事烦恼，特别是看到周围的美国同学，我更是对自己的未来感到迷惑。"

小文接着讲了一个美国师兄的故事。这个师兄比她高两届，博士读了两年多的时候，突然对种葡萄产生了浓厚兴趣，遂办了停学手续，跑到加州的一个葡萄园去学种葡萄了。两年后，他又回来了，继续读这个和种葡萄八竿子都打不着的医学研究专业。他和大家讲起种葡萄经，眉飞色舞，滔滔不绝。同学们都问他既然那么喜欢为什么不一辈子种葡萄呢？他说深入进去以后，他发现种葡萄作为一个业余爱好很好，当做终生的职业却并不合适，他还是更喜欢把主要精力放在研究工作上。他还说等到他工作稳定下来之后，自己去买个小型农场利用业余时间来捣鼓种植葡萄。

他回来继续读博士的目标很明确：毕业后要去哪个研究机构，跟随哪个导师做博士后研究，做哪方面的研究等。所有的一切他全都计划好了。因为目标明确，所以他几年间一直朝着那个方向努力，不断地储备实力和人际关系，在同期的同学都还前途未卜的时候，他先谋而后动，已经有了明确的去处：他选择的导师是该领域的领军人物，诺贝尔奖得主，早早就接受他的博士后申请了。

小文说，这个同学从高中起就尝试在很多行业打工，在大学也曾换过专业，假期还到偏远国家去旅行探险，做过很多我们国内的学生想都没想过的事情。到最后，他很清楚自己喜欢做什么，他所选择的终生职业既是自己想做的又是他擅长的。小文说可以预见这个同学将来在他们的专业领域内一定会做得非常出色。

因为这个同学，小文不断地反思自己的学业和生活，她觉得如果自己可以重新选择，她不会读博士的，在学校待了这么多年，她读书已经读得疲惫不堪了。

她问我："你说我拿这个博士学位为了什么？"

我说看你的情形，是为了找工作吧？

她又问："你说找工作又为了什么？我这一辈子就为了拿学位而拿学位，为了工作而工作吗？"

小文所有的路都是按照父母的要求走的，她拿到博士学位后，父母在学习上对她已经没有任何要求了，可她却不知道自己以后究竟要干什么。年近三十，即将博士毕业，正是要步入社会，开始人生新阶段的时刻，她看起来却是完全地失落了。

小文还没有男朋友，她说父母一直对她的要求就是学生期间要好好学习，不能有"见不得人"的想法，而她一直都是听话的孩子，规规矩矩地努力学习，至今还没有正式谈过恋爱。

现在最困扰她的既不是找工作，也不是婚姻大事，而是她根本不喜欢自己的专业，可看情形却要在这个专业里混一辈子了。小文说我以后或许有勇气去换一门工作，但是问题在于换什么？我没有美国师兄去种葡萄的那种热情，我就没有对任何事情产生过那种热情，我怎么就没有特别想去做的事情呢？

小文缺失的似乎是对生活的热情还有目标，除了好好学习，她之前的人生没有其他目的了。所有对于她来说，博士毕业，意味着人生的目标全部达到了，可是人生的路还要继续走，究竟往哪里走？

她心里充满了茫然和惶恐……

像小文这样的孩子，他们自主的翅膀已在成长的过程中一点点地被剪掉了，他们的梦想和热情，早早已经被父母的意志所取代，所以当他们开始独立生活的时候就变得无所适从。父母不能一直为孩子设计未来，得学着早早放手，从小就要放权给孩子，培养他为自己选择为自己负责的能力，让他们能一直保有自己的梦想。父母设计的未来无论多么好，可孩子无法活出自己的生命，对于孩子来说就是不快乐，不幸福。

孩子自己主导生活，从事自己喜欢的工作，他才会对生活有热情，才会生活得快乐幸福。

中美父母对待孩子职业选择的不同态度

朋友们在一块聊起美国人与中国人的差别，都觉得对待孩子的职业选择的态度，可能是中美父母差异最大的地方。

我们小区聚会时，有个邻居请大家推荐一个清理壁炉烟囱的公司，另一个邻居马上说她儿子就在专门清理烟囱的公司工作，还特意把儿子名字写下来，让邻居打电话时提她儿子的名字，这样公司就会让他来干。邻居说起儿子非常自然，热心为孩子拉生意，一个劲夸儿子干活非常认真仔细，说很多老客户都回头找他。我们社区是比较典型的中产阶级阶层，这个邻居家男的是律师，女的在医学院负责招生工作，在中国这样的家庭大概不会让自己孩子以清理烟囱为职业的。

有个朋友正在大学里读会计专业，她讲了他们学校校长儿子的故事。据说那孩子从小看着垃圾车满街跑，觉得收垃圾的工作很"酷"，高中毕业后不想上大学，真的就去申请垃圾公司的工作，天天跟着垃圾车挨家挨户收垃圾。从理论上讲，自食其力的人都应该被尊重，职业没有高下之分、贵贱之分，不过我们中国人往往会把工作分成三六九等，知识分子对于孩子的期望至少也是继续当知识分子，儿子是垃圾工会让很多人觉得没面子。可这个当大学校长的爸爸提起他儿子和儿子的工作非常自然，并没有觉得自己孩子"不成器"，或者觉得儿子让自己丢面子了。

还有一个朋友的博士生导师是美国科学院的院士，在专业领域内可谓世界闻名。他的女儿一直在私立学校读书，成绩优异且有极高的绘画天分，高中时的画作就被画廊展览拍卖。高中毕业时她被包括普林斯顿、耶鲁在内的几所名校录取，她自己选择去了一所名不见经传的小学校，只因为该校有一位她仰慕的艺术家。父母兴高采烈地送女儿上大学，毫无孩子舍弃名校的遗憾之感。女孩艺校毕业后没有去当画家，而是和朋友一起到非洲去做志愿者了。几年后她返回艺校读研究生，继续专业学习。父母任她折腾，提起女儿除了自豪还是自豪。而他的儿子竟然连大学都没有读，高中毕业后和几个年轻人自组乐队四处表演，父亲的办公室里到处摆着儿子表演的照片，提起儿子就滔滔不绝地向人介绍他都到了哪些地方演出。

学生们曾经问起过他，为什么他的儿女都没有像他一样成为一个成功的科学家？导师说自己之所以当科学家是因为从小就喜欢，兴趣在此，而两个孩子都对科学不感兴趣。他说在孩子年轻时，他不希望他们去考虑功名利禄这些事情，而是要随心所欲、追随自己的热情去做喜欢的事情。兴趣是做好的老师，喜欢才有可能做得好，即使没有了不起的成绩，他们一直都在享受人生，还是赚到了。

另一个朋友认识一个很成功的企业家。不管生意上的事情多么忙，这位父亲总是抽时间参加儿子的童子军活动，接送儿子去踢球，参加儿子的家长会，不错过儿子成长的任何一个阶段。然而，他却在孩子上什么大学，从事什么职业这些在我们看来是最重要的人生选择上撒手不管，连人生方向都不给孩子指一指。

他儿子高中毕业前陪同学报名参军，被招兵的人"忽悠"得热血沸腾，当场也跟着报了名，就这样跑去参军了。退役后，上了一所普通大学混到毕业，到处打零工又混了几年，到了三十岁的时候他似乎开窍了，对事业什么的开始关心了，就半工半读拿了一个MBA学位。在大大小小的公司都工作过，到三十六岁才回到父亲身边，开始接手家族的生意，逐渐地掌管大局。

朋友曾问这位企业家，为什么在孩子年轻时不给他一些建议和指导呢，让儿子白白浪费了那么多年的时间？企业家很奇怪地问，这怎么叫浪费呢？没有谁的生命是被浪费的！孩子的每一个经历都是自己选的，都是他的人生体验，都是属于他自己的财富，何况他一直过得很快乐，很充实。

美国父母在意的是孩子是否过得开心，他们不用孩子的成功来为自己增光，也不拿自己孩子和别人比，他们给孩子一个轻松快乐的童年，也允许他们选择不同的人生路。

我们中国父母对待孩子的职业选择是什么态度呢？

有网友给我来信说孩子明年要考大学了，想咨询一下美国现在哪些专业就业前景好，她说如果孩子大学读对了专业，以后无论是就业还是出国留学都具备优势。我回答她孩子要学的专业不应该问别人，要去问孩子，看看孩子的兴趣、专长在哪里。她说：孩子懂什么，这么大的事儿父母要做主把关才行啊！

很巧最近美国的一位华人朋友家也发生了和孩子选专业有关的事情，他的儿子今年上大三，暑假回来和父母商量想改专业。

申请大学的时候父母帮孩子选的是环境工程专业，因为父亲就是从事这一行业的，专业前景很好。父亲已经在这个领域里干了半辈子，无论在中国还是在美国都建立起了广泛的人脉，对孩子日后事业上的发展会有强大的助力。可孩子念了两年接触了专业课之后，觉得对这个专业一点兴趣都没有。

他在高中时参加过戏剧社，对舞台表扬充满了渴望，在高中毕业汇报演出的话剧中担当了男主角，自己感觉特别好，同学老师对他也是褒奖有加。报考大学时他流露出想去学戏剧的意思，父母听了觉得简直是笑话，他们说："一个男孩子去搞什么戏剧！那也叫正经职业？"

孩子上大学之后也参加了戏剧社，排练演出渐渐变成了他最热心的事情，这越来越坚定他去学戏剧的决心。于是，这次回来再次和父母摊牌，结果双方吵得不可开交。父母坚持男孩子应该学一门实实在在的技术，父亲谆谆劝告儿子说："老话讲，家有千金不如一技傍身，要靠技术吃饭，走到哪里到什么时候都不怕没有饭碗。中国现在重视环保，需要大量技术人力，你以后自己办公司也好，到大公司去做也好，何愁工作前景。"孩子认为自己喜欢的专业一定可以学好，将来可以到好莱坞、到剧团和电视台当编剧、导演、剧务、演员……总之在许多领域里都可以发展，也有前景。

他们谁也说服不了谁。男孩子后来不管不顾地表态："不管你们是否同意，我都要改！我改定了！"父亲气得怒发冲冠，杀手锏抛了出来："你要改！好，把前两年我们给你付的学费先退回来再说！以后的学费我们也都不管了，你爱改什么就改什么去！"

孩子被这句话打倒了，眼圈泛红，再也说不出一句辩驳的话来，第二天一大早他开车返回了学校。

回到学校他就去打工去了，白天在咖啡馆里干，晚上在餐馆当服务员，每天都要干到下半夜。他跟好友说先把下学期的学费赚出来再说，生活费不够的话等开学后一边上课一边打工，欠父母的钱慢慢想办法还。

父母在家里也着实不好过，呕心沥血地培养孩子到成人，上了大学，现在竟然这样不听话，一意孤行，心里是又生气又担心。

我劝解朋友两口子，孩子如果真的不喜欢做技术工作，还是同意他改专业吧。毕竟他已经成人，也是经过两年深思熟虑后的选择，他一辈子做自己不喜欢的工作是很痛苦的一样事，我们帮孩子把关，最终还是希望孩子能够生活得快乐，能够幸福，别人眼里再好的工作如果孩子自己干得没意思，对于他就不是个好工作。再说如果父母坚持不同意，孩子不好好学，不能毕业，还不如同意他学个喜欢的专业，因为喜欢他会学得好，那也是"技"，也能傍身。

我们父母对于自己从事的行业很了解，而对于其他专业的认识却有很大的局限性，也不具备前瞻性，就像二三十年前的中国，有多少人明白互联网？谁会知道与互联网相关的专业现在会这么热？孩子自己选的专业也许更有前途呢！

我提到父母为孩子选专业，孩子不好好学毕不了业并不是空穴来风，而是看到过这样的例子。认识一个孩子是被爷爷逼着学生物的，这位爷爷是国内生物界的大拿，学部委员，让儿子女儿都学了生物，现在儿女都在国外做相关的工作。老爷子给唯一的孙子指的路也是要继承祖业。这个孙子却喜欢做机器人，在高中时代表学校参加过机器人设计大赛。上大学时这孩子被爷爷和父亲两辈人逼着选了生物专业，他入校后自己又选了计算机当做辅修，不知他是消极抵抗还是真的学不好，和生物相关的课程大都不及格，辅修的课程却门门得A。两年后学校发来通知说，如果他的专业课再不及格就得退学了。父母不得不同意他将专业改成了计算机编程。他多花了一年时间才积够学分毕业，毕业后被一个专门研究机器人的公司录用，很快就担任了项目经理。每次见面都觉得这孩子意气风发的，聊起他的工作来那是谈笑风生，滔滔不绝。

我有个远房亲戚，他们家是从中国台湾移民美国的，独生儿子天资聪颖又听话。从小音乐、绘画、体育、中文学了个遍，样样出色，成绩更是一直拔尖，以他们高中第一名的成绩被斯坦福大学录取。四年后，在父母的坚持下，到约翰·霍普金斯医学院学医，毕业后他申请到纽约一家大医院当住院医生。

霍普金斯医学院和哈佛医学院齐名，在美国的医学院里数一数二，是非常难进的学校。当时他被录取时亲朋好友都高兴得不得了。父亲希望他将来可以当个外科医生，收入好，地位高。

可就在完成了医学院的学业、当了两年的住院医生，再过两年就可以进入专科训练的关头，他写信告诉父母，他越来越觉得自己的兴趣不在于此，他决定不干了！然后，他不理会家里的"大地震"，不去医院上班了，跑去纽约参加动漫制作的学习班，边学边干。

其实这个年轻人从小就显示出在绘画方面的天赋，对计算机程序设计也是无师自通，在高中时还得过程序设计方面的奖项。但是因为他在各个方面都太优秀了，真正的兴趣和特长被掩盖了。父母一门心思就想培养他当医生，这在他们那一辈人眼里那是最好的职业。父母比较强势，而他一直是个听话的孩子，从小到大基本没有自己做选择的余地，就被父母一步步推上了当医生的道路。

但他打心眼里不喜欢每天面对鲜血、疾病、死亡和患者那一张张痛苦的脸，他更喜欢在电脑上创造出一幅幅美丽的画面和景象。

他说，做着不喜欢的工作，每天都是度日如年的感觉。有一天连续值班二十四个小时，晚上他走出医院大门，看着漫天的繁星闪烁，觉得自己好像行尸走肉一样，心里想着这样过下去生活一点希望都没有了，良辰美景与他一点都不相关。他当时反问自己为什么要这样勉强自己？一辈子难道就在这种绝望中度过吗？

在他终于做出放弃医生这个职业的决定的一刹那，他说，仿佛全身的枷锁一下子被打破了，整个人都舒展了开来，天都变得又高又蓝了，那种轻松愉悦不能用言语形容。他唯一的遗憾是自己优柔寡断，耽误了十年的时间，精力最充沛的青年时光被用来强迫记忆那些医学知识了。

父亲当时听到消息气得大骂他孽子，骂他"幼稚"和"肆意妄为"。他怕挨骂，放弃做医生后，好长一段时间都不回家，也不接父母亲的电话。

母亲和亲朋好友说起这事就抹眼泪，说我们这是人财两失啊！几十万的学费打水漂了不说，儿子的影儿也见不到了。

后来他成立了自己的动漫工作室，一开始接些小活，后来接一些大公司的活，再后来一直和迪士尼公司签约，然后工作室被迪士尼收购了，他的身家暴涨，已达到一名外科医生一辈子也达不到的水平。他父亲依然对于他从事的"旁门左道"的职业不能苟同，不过在周围人的艳羡中开始慢慢地接纳他，已能和颜悦色地跟他正常沟通了。

他工作起来很辛苦，忙起来常常是几天几夜连轴转，但他乐在其中，天天像上了发条一样。

我想，即使他的动漫公司没有被收购，他的收入有限，他弃医学动漫的选择依然是正确的，因为他从事着自己真心喜欢做的工作，他在快乐地生活。

一个人在做自己喜欢而不是别人期望他过的人生，才可能有真正的幸福，也才更有可能做出成绩。父母最终是希望孩子生活得快乐幸福，所以要想开些。孩子学什么专业，做父母的可以给孩子提供参考意见，但是最后还是应该由孩子自己做决定。尊重孩子的选择吧，即使有时候这选择看着有点"不靠谱"，也许孩子会因此走了些弯路，可他终会找对方向，会拥有充实而快乐的人生。

让孩子不背负父母的期望去从事自己喜欢的工作，是我们可以给孩子的自由和幸福。

父母不要充当孩子的课业老师

有对朋友夫妇，两人在美国读的博士，事业有成，家庭幸福。两个儿子性格阳光大方，乐于助人，和父母关系特别亲密，他们俩后来都上了令周围人艳羡的顶尖大学，因此周围家庭有学龄孩子的朋友经常向他们讨教育儿经验，两口子异口同声都是：我们不管孩子在学校的事情，都是孩子们自己选择的。

一次圣诞节聚会，几个望子成龙的家长借着酒劲非要当父亲的透露点教子秘诀来。他被逼无奈，沉思着说："如果实在要讲什么秘诀的话，那就是我和我老婆早早就针对孩子的教育问题定下了一个规矩：凡是学校教的，我们在家里都不教。"

"那你们当父母的做什么?"有人问道。

他回答说他们只是给孩子当当后勤，孩子想参加什么活动了，他们就保证接送并当观众；孩子有什么想法了，他会查查资料，跟孩子讨论讨论，孩子遇到问题或者困难了，就开解开解。对孩子的学业也好，课外活动也好，基本上就是放任自流，包括高中最后阶段申请哪所大学，学什么专业，都是孩子自己做主的。

只是当后勤孩子自己就做好了?如果孩子自己不会选择呢?不是说"子不教父之过"吗?大家纷纷追问。

这位父亲说，也不是什么都不管。他们夫妻很重视和孩子的交流，有时间就和孩子聊天，开车时聊，吃饭时聊，每天晚上睡觉前都要和孩子深入地聊一聊。孩子会把学校发生的事情讲给父母听，把自己遇到的烦恼还有对一些问题的看法统统讲出来，父母也把自己的观点拿出来和孩子讨论，这样慢慢地就把大人的世界观和处世之道渗透给了孩子。

这样的交流一直持续到孩子上大学以后，两个孩子依然会在电话里和父母讨论一些重大的决定以及对爱情、友情和时事的看法。

这位父亲认为大人保持和孩子的沟通渠道通畅是育儿中最需要重视的并值得付出时间精力的事情。

他很有感触地谈到，父母和孩子朝夕相处，很容易就把精力过度投入到孩子的生活细节中：孩子出生后头一年什么时候会坐、会爬、能走路、什么时候开口讲话在父母看来最重要，到了学龄前，能不能认字读书变得最重要，上学后成绩排名最重要，然后就是能不能考上一流大学最重要……终于孩子上了大学，这才发现孩子的世界观、就业观、择偶观、金钱观等软性的不能用分数衡量的东西对孩子立足于世才最重要。

而这些软性的东西，才是父母应该在孩子离家之前完整地教给孩子的。因为这需要长期的熏陶影响，并没有分数和标准可以量化，所以被很多人忽略了。

他说看到很多父母天天把时间花费在孩子的学业上，为让孩子多做几道题、多记几个单词而和孩子斗智斗勇，为了考试分数和孩子大呼小叫，把父母的爱和尊严都消耗在这些鸡毛蒜皮的小事上，实在是得不偿失！孩子渐长，慢慢地因为和父母无法深入交流，就关上了和父母的沟通之门。父母只有和孩子有良好的沟通，才能够掌握孩子的思想动态，随时随地地觉察到孩子的困惑和问题，给予孩子正确人生观的引导，这才是至关重要的！

他认为父母把自己当成孩子的学业老师或者教练，是把自己的位置摆错了、看低了。要知道老师和教练可以有许多，不好了还可以换，好老师花钱就可以请到。而原装的父母只有一对，是孩子的天，是孩子赖以生存的依靠，父母对于孩子的影响绝对是老师和教练所无法替代的，因为老师主要教专业知识，而父母给孩子建立起了人生态度、品德、世界观。

一个孩子有了正确的人生态度和优良品质，他的学习成绩会差吗？即使因为智力所限，学习成绩不突出，但是孩子将来在社会上也一定会找到自己的位置，能够自食其力，快乐生活。

听了这位父亲的育儿心得，我总结他的核心意思是父母育儿真正下功夫之处在于和孩子建立起良好的亲子关系，保持沟通渠道的通畅，引导孩子形成健全人格，而不是去教孩子具体的知识。

其实孟子早就说过要"易子而教"的话，之所以这么做是因为："父子之间不责善。责善则离，离则不祥莫大焉。"因为父母对孩子因爱之深所以责之切，眼睛里容不下一点沙子，恨不能孩子一日成才，对孩子的不足和进步的缓慢难以用平和之心对待，往往失于苛责，损伤孩子的自尊心和自信心，更糟糕的是因为难以心平气和，很容易就伤害了父子之间的感情，父子离心离德，这是最不幸的事。

父母不要去教孩子具体的知识、具体地去监督孩子的学业，而应把注意力放在和孩子建立密切关系上。和父母情感联结紧密的孩子，根本不用去管教他，他看得到父母的为人处世，他会很有安全感地很踏实地去学习和生活，去追随自己的梦想，做最好的自己。

不会说"谢谢"的孩子

邻居瑞安在我们镇政府的教育局工作，一天傍晚她在小区街道上遛狗，看见我在门口，兴冲冲地走过来跟我打招呼说，他们家下个月要接待一个来自中国的交换学生，是个女孩，和她女儿莉亚同岁，都上高一，将会在她家住三周。瑞安很高兴女儿有机会接触到别的国家的孩子，能开阔眼界，了解不同的文化。

很快，中国女孩来了，那天傍晚瑞安给我打电话请我去她家和女孩见个面。我进门看到一个瘦瘦的女孩坐在沙发上，很沉静的样子，莉亚满脸兴奋，不住地问女孩是否想到外面看看，是否想喝点什么……女孩没有什么兴致地只是简单地yes、no地回应她。我用英语和女孩聊了几句，发现她的英文很好，和瑞安家人交流挺顺畅，觉得她在沟通上应该没有问题，不过还是告诉她如果有什么说不清楚的事情，可以来找我。我把我的电话住址都写给了她，她没有什么表情地接了过去，并没有和我多说什么。我告辞时，她坐在那儿没什么反应，我想她大概是因为倒时差的关系，头昏脑涨地打不起精神来，并没有意识到我是专门为她走这一趟的。

过了些日子，又碰到瑞安遛狗，我主动问起交换学生在她家住得怎么样。她脸上的兴奋之情不再，有点郁闷的样子，欲言又止、犹豫再三地终于张口问道："你知道不知道，为什么中国来的孩子不说谢谢呢？"

我问她发生了什么事，她说那个中国女孩在她家住了十多天，她从来没有听女孩说过一声谢谢。比如她每天早晨准备好早餐，他们家的人接过盘子的时候都会说声谢谢，可是那个中国女孩不说，接过盘子就低头吃饭。周末她和莉亚领着女孩去买东西、去看电影，她事先事后从来也没有跟他们说过一声谢谢。他们全家开几个小时的车带她去著名的旅游景点游玩，事先征求她的意见，她回答怎么都行，事后问她是否喜欢，她说还行吧，没有讲一句感谢的话，没有表达出一点谢意来。

瑞安很困惑地说，莉亚的同学来我们家吃饭，会夸我饭做得好吃，会感谢我的招待，会想到来帮我的忙，为什么不管我们为这个中国孩子做了什么她都无动于衷，连一句简单的"谢谢"都不肯说呢？

更让瑞安觉得奇怪的是，女孩放学后就躲到自己房间里玩手机，只有吃饭的时候才出来，并不和他们家人多交流，莉亚跟女孩说话女孩总是没有什么兴致的样子。瑞安说："组织这种活动的目的是让孩子来学习美国文化，增长见闻，怎么她天天就把自己关在房间里呢？如果那样的话，何必到美国来，在哪里玩手机都一样啊！"

女孩离开后，瑞安告诉我，她用了整整一天的时间收拾女孩的房间和卫生间。女孩根本不管房间卫生，屋子里扔得到处是包装袋，卫生间的垃圾桶满了，她就把垃圾堆在周围，浴盆里到处是头发，镜子上、桌面、地面处处污渍……

女孩曾告诉瑞安，她和妈妈一起生活，家里有保姆做家务做饭，她爸爸在另一个城市做生意，大概这是女孩自己不搞卫生的原因。瑞安说她可以理解、接受孩子的生活习惯和她们不同，但是他们照顾她的起居生活，专门为她安排活动，她没有表达过一点感激的态度，让瑞安心里实在是难以接受。她说无论是谁，母亲也好，保姆也好，为你端一杯水，都该说声谢谢吧？这不是最基本的礼貌和做人准则吗？

瑞安由一开始的气愤转而变成了极度的困惑不解，她说在美国即使是那些罪犯、蹲监狱的青少年，有人为他做了什么，他们也会说声谢谢的。

我跟瑞安讲大多数中国孩子都是懂礼貌的，这个女孩只是一个个例而已。

随后又有朋友跟我讲了一件类似的事情，让我意识到那个女孩也许并不是特例。这位朋友的大学同学的儿子在美国读私立高中，想利用春假的时间去参加托福考试以便于申请大学。考点距离学校有两个小时的车程，他爸爸请老同学帮着接送一下。朋友说我一大早从家里开车到他学校就要一个多小时，再送他去考试，他考试的时候我在外面等着，考完接他去吃饭再把他送回学校，从头到尾这个孩子没跟我说一句"谢谢叔叔，麻烦你了"这样的礼节性的话，不说就不说了，最让人受不了的是他那个态度，就好像我是他佣人一样，我就该伺候他。朋友感叹道，我同学上大学的时候是很朴实有礼的一个人，这孩子怎么完全不懂人情世故呢？

另一个朋友圣诞节假期接待朋友刚来美国留学的儿子，那个孩子一见面就告诉她自己几个月来吃西餐吃得想吐，想吃火锅了。朋友第二天就去中国店买来各种材料，晚上就让他吃上了火锅。没想到孩子边吃边说，美国的羊肉片切得不够薄，火锅底料不够辣，虾不如国内的新鲜，调料品种太少……朋友说这孩子怎么像是到饭店吃饭一样，还要给个差评？过了几天孩子又提出想吃韭菜馅饺子，朋友镇上的中国店没有卖韭菜的，她开车到另外一家很远的中国店买来韭菜为他包了饺子，朋友是南方人不会擀饺子皮，买了现成的饺子皮，孩子边吃边评论说："这种机器做的饺子皮太薄了，不如手擀的面皮口感好。"后来他还说想吃小笼包，吃上了嫌里面的汤不够多……

朋友老公有时候晚上也要办公，可那孩子天天晚上在客厅的茶几上玩游戏、背景音乐放得山响，要么就和国内朋友吆三喝四地大声聊天，把在旁边书房里工作的男主人吵得头大，就跟他说能不能戴上耳机玩？他当时答应了，可第二天照旧。

他星期一开学，让朋友周日送他回去。从朋友家到他的学校要开四个小时的车，来回就是八个小时，所以朋友头一天跟他讲好上午就要出发，这样他们两口子可以傍晚回来，可是那孩子头天晚上玩得太晚，第二天到下午才起床，结果两口子送他回来已经是下半夜了，周一都顶着熊猫眼去上班。

春假时，孩子还想到她家过节，朋友早早订了游轮票，全家旅游去了。她无奈地跟我们说："实在是招待不了，卫生习惯什么的就不提了，咱都理解国内都是独生子女，家长不让孩子做家务。我难过的是我尽心尽力地招待他，变着花样做饭给他吃，可他不仅没跟我表达过一点谢意，跟他朋友聊天时告诉人家在我们这里他也就是将就着吃个半饱。如果他跟父母也是这么讲，他父母会以为我故意怠慢他。本来和他父母还是朋友，招待完孩子连朋友都做不成了。"

还有个中国女孩入读的美国大学在比较偏远的一个小镇上，没有中国食品商店，而她很馋国内的一些小食品。远在国内的母亲便委托住在美国大城市的朋友帮着买些中国食品寄给女儿，每次她都把自家孩子想吃的东西列出一张单子通过邮件发过来。朋友跑去中国超市照单买来再拿到邮局寄给女孩。那个孩子收到东西之后从来没有及时地给她一个回话，总是在过了一段时间，她不放心地打去电话询问，孩子才说："喔，收到了。不过××味道不怎么样，和国内的比差远了。××东西是假货，你下一次买的时候要仔细看商标，应该是××商标。"

几次下来，朋友就有点气闷。她说即使是自己父母给寄了东西来，收到后也得告知一声，也得说声谢谢，道一句让爸妈费心了，何况是对外人。这孩子，不仅对她一点谢意都没有，还要挑剔她买的东西不够好。

朋友问了同样的问题："怎么国内来的孩子不懂得说谢谢，连最基本的做人常识都没有呢？"

其实我们中国人虽然不像美国人那样一天到晚把"谢谢"挂在嘴上，但是适时地对别人的付出和善意表达感谢，也是最起码的礼貌修养。我在美国遇到过很多热情开朗、有教养、懂人情世故的新一代中国留学生，也遇到过上面讲的在礼貌和为人处世上比较欠缺的孩子。不客气地讲，孩子缺乏做人常识，错不在孩子，错在父母，没有在孩子应该学习这些基本素养的阶段教给他。如果父母把培养孩子的着眼点放在学业上，用成绩名次这些外在的数据去评估孩子是否优秀，而忽视了对孩子进行做人的教育，那么孩子就会长成一个不明白起码的为人处世准则的人。

一个人如果连基本礼貌都不懂，他大概也很难懂得爱、同情、尊重他人、关心他人感受等人文精神，这样的人在人格上是有缺欠的。孩子无法与他人建立起良好的人际关系，将所有的助缘都变成了恶缘，他将来无论是事业的成功还是生活的幸福都是一纸空谈。

其实教孩子有礼貌这件事情很简单：从孩子懂事起就告诉他，无论别人为他做了什么，都必须表达谢意。把说"谢谢"变成孩子的习惯，那么他就不至于出门在外因为不懂礼貌而被人诟病了。

父母要仔细想想，你想要孩子成为一个什么样的人？他需要什么品质才能立足于社会？你怎么做才能让孩子具备那些品质？想清楚了就知道该在哪些方面下功夫了。

关于孩子学钢琴的反思

一次我们全家坐游轮去旅游，那天我和老公在棋牌室里打桥牌，外面传来了悦耳的钢琴声。

棋牌室紧挨着一个音乐茶座，中间的台子上摆放着一架三角钢琴，正在弹琴的是个穿着针织夹克衫和牛仔裤的年轻人。钢琴上没放谱子，他就坐在那里很随意地弹着，周围的沙发上坐满了人，都在静静地聆听着。那音乐仿佛不是小伙子用手弹出来的而是从他的心里流淌出来的，悠扬婉转，每个音符都像是有生命一样，跳着钻进人的心里，让人感到那么舒畅温馨。

一起打牌的美国老太太告诉我，弹琴的小伙子和我们一样也是游客，并不是游轮请来的演奏师。

女儿凯丽当时正在学钢琴，我经常为了练琴的事情和她磨口舌，所以我对这个白人小伙充满了好奇，在他弹琴的间隙走过去和他聊了起来。小伙长得帅气十足，很阳光的气质中透露着几分沉稳。我夸他琴弹得好，问他是否是音乐专业的，他笑着说："不是，昨天也有人问我这个问题，弹琴只是我的爱好而已，我现在在大学里学的是机械。"

我问为什么他能把琴弹得那么随性自由，富有感染力，他想了想说："在这一点上我很感激我妈妈，她从来不逼着我去参加比赛或者去考级，她允许我随心所欲地弹琴，所以我对音乐的感觉一直都没有被破坏掉。"

"随心所欲是什么意思？你就自己坐在那儿乱弹，就弹出这等水平了？"我瞪大了眼睛问。

"不是不是,"他摇头,"我妈妈给我请了很好的钢琴老师,一个好老师非常重要,他不仅教学水平高,还要能保护住孩子的兴趣。我的老师和妈妈都非常注意保护我对音乐的那份热爱。"

我说:"我女儿正在学琴,我也没让她考级,可她喜欢上课却不喜欢练习,督促她练琴她就不高兴,你有没有经历过这样的时期?"

他回答说:"让她自己过渡吧,孩子小的时候父母还是要督促的。我妈妈会督促我完成钢琴老师布置的作业,不过我一直都没有那种被逼得很痛苦的感觉,我妈妈会和我讲道理,让我自己决定怎么做。你的女儿最终她自己也会决定怎么做的。我曾经因为踢球而放弃了钢琴一段时间,后来感觉自己还是喜欢弹琴,就又继续弹了。"

我问他妈妈什么时候让他随心所欲地弹琴,他说大概是在他十二三岁的时候。

眼下很多中国孩子都在学琴,那么学琴的目的究竟是什么呢?

我自己琢磨着,对于不去从事音乐专业的孩子,能在成年后像这个小伙子一样,随兴所至,想弹琴时就弹一弹,享受音乐带来的美好,也把这份美好传递给别人,应该是学琴可以达到的境界。

大多数的父母并不想让孩子以音乐为专业,只是想培养孩子对音乐的兴趣,具备一定的音乐素养。但是孩子一旦开始学琴后,练琴在父母的心中就成为孩子最重要的生活内容了,也成了很多孩子的噩梦。

曾有个女孩说,钢琴就是我的刑具,每天要上刑一个小时。还有个孩子说:我一坐上琴凳,我妈就不再是我妈了,变成了打手和监狱长。有个孩子为了不弹琴偷偷把自己的手弄破;还有个小男孩练琴被妈妈骂,就用频繁上厕所来拖延逃避,结果后来成了条件反射,一弹钢琴就尿频。

我认识一个韩国母亲,她的女儿在加拿大青少年钢琴比赛中得过奖,但是孩子上大学之后就再也不摸琴了。结婚时母亲想把陪伴她长大的名牌钢琴送给她当陪嫁，她坚决不要，告诉妈妈说她小时候多少次在心里发誓，一旦自己可以做主了，就再也不碰这架钢琴。

看过一篇文章，说美国一个常春藤大学的老师问班上的学生，谁学习过钢琴？有三分之一的学生举手，绝大部分都是亚裔面孔，老师又问，那么谁现在还在闲暇时间弹琴？只有一个人举手，这个学生在校的辅修课选的是钢琴。

为什么学了十多年钢琴的孩子在上了大学后再也不碰琴了？

是因为很多父母忘了让孩子学琴的初衷，学着学着，学琴就变成为了比赛，为了考级，甚至是为了给父母争面子。

有个邻居的小男孩从四五岁时就表现出音乐天分，妈妈马上买了钢琴请来老师教他。一开始他还兴致勃勃，可学到了一定程度之后，练琴变成了为考级做准备，一级一级地往上考，刚考过一级松了口气，又要开始准备下一级的考试。每天至少要练两个小时考级的曲子，后来老师还推荐他去参加比赛，练习时间又加长了。男孩对弹钢琴变得抵触起来，到最后兴趣全无坚决不学了。老师跟妈妈说这孩子特别有天分，只要肯努力，他很快就可以考过钢琴十级，比赛也可以拿大奖的。妈妈就逼着孩子继续学，母子俩为此闹得不可开交。

这个孩子的爸爸看得比较清楚，他劝说妈妈不去逼迫孩子，他说："孩子考过了十级又怎么样呢？孩子每天被逼着练两个小时的琴就是为了那张十级证书吗？让孩子早早考级除了证明孩子有钢琴天才，我们家长有面子让别人羡慕之外，对于孩子自己没有任何正面的意义，孩子为了考级而失去了弹琴的兴趣，实在是得不偿失。无论他多么有天分，他不喜欢弹琴了，考再高的级得再大的奖也没有用的。"

他让孩子自己掌握学琴的节奏和练琴时间。孩子决定把每周上一次的钢琴课改为两周上一次，不再参加考级和比赛。闲暇时自己就练一会儿琴，或者随心所欲地弹上一阵。后来在高中他和同学自组小乐队四处演出，自己尝试作曲演唱，音乐成为他真正的乐趣和爱好。

有一位钢琴家在我关于学琴的博文后面留言说："钢琴真正艰苦的练习一般都在学琴五六年以后，那个时候已经达到了一定的程度，即使再往上提高一点都很难，但达到那个程度时孩子对于音乐也有一定的兴趣了，自己会督促自己坚持下去。父母切忌在孩子刚学不久时，就严厉地逼迫孩子、要立竿见影地见到效果。一定要让孩子感觉到音乐是美好的，不但给自己更能给别人带来快乐。家里人要经常让他表演，比如全家人围坐在琴边四周，静静地听他弹。一定要安静，不能随意说话或接打手机，否则演奏者会觉得你不尊重他或不在意他。演奏完毕要热烈鼓掌，就像在音乐厅看音乐会一样。这样去鼓励孩子，让孩子充分感受到音乐带给他和别人的快乐。父母千万不要说你看看人家谁谁谁弹得多好，不要拿孩子和别人比，因为音乐是需要个性的，需要追求自我，用自己认为合适的方式去表达。"

他和游轮上弹琴的小伙子说法相同，强调以保护孩子的音乐兴趣、感受音乐的美好为学琴的根本目的。如果孩子因为练琴而痛苦不堪，亲子关系紧张，父母不妨冷静地问问自己，到底为了什么让孩子学琴？

父母是否应该坚持自己的教育理念

在北京参加教育论坛，有位年轻的父亲问我：当父母按照自己的理念教育孩子，却和整个社会的理念发生碰撞的时候，是否应该坚持自己的信念？

他举了几个例子：比如自己在家里教孩子要有礼貌、宽容，可是孩子在外面会受别人欺负；又比如，不送孩子去补习班，想让孩子有快乐童年，但是孩子有可能考不上好大学，最后被社会淘汰……

我个人认为无论遇到什么样的挫折，父母都要坚持自己正确的育儿理念，应该把眼光放远一点，养育孩子是百年大计，不在于一时一刻的得失。

孩子有礼貌、宽容而被别的孩子欺负，这其实也是孩子学习、成长的过程，父母要适时地根据具体情况引导孩子如何去应对没有礼貌的孩子，不要对于孩子"吃亏了"的结果太在意。孩子在打打闹闹中能学到很多与人交往的技能。从另一个角度讲，孩子没有礼貌在成长过程中更可能被欺负，被同伴看不起，被老师批评，被孤立，没有礼貌的孩子难以交到朋友，心里会出现极大的挫折感。

如果想提高孩子的社交能力，父母真正要着眼的地方是建立起孩子的安全感和自信心。在家里尊重孩子、接纳孩子，使孩子的自我得到健康的成长。宽容有礼不等于懦弱，我们周围总有那种自己非常善良有礼但是别人并不敢随便欺负的人，无论大人小孩都是如此。父母只要把孩子的自信心、自我肯定建立起来，他会发展出自己的社交模式。

关于孩子的学习，有的父母认为送孩子去各种补习班就能提高成绩，然后考上好大学，不上补习班就考不上好大学。这种推理不仅不成立，很可能得到相反的结果。

孩子在课外补课，比其他孩子多花很多时间在学习上，暂时会让孩子的成绩领先。有研究表明，学龄前提前学习小学课程的孩子，一年级时会在学业上领先，到了三年级这种优势就消失了；到了五年级以后，这些孩子往往落到后面。原因是：第一，这些孩子在应该养成良好学习习惯的入学早期，因为老师的授课内容已经学过，难以养成上课聚精会神听讲、课后用心做作业的好习惯；第二，小时候学的内容少，时间充裕补习可以看到效果，等到了高年级课程难度大，作业多，即使补习了也没有时间消化，这时候自我学习的能力就更为重要了；第三，大强度地给孩子加码，早早地把孩子的学习积极性破坏了，孩子会厌倦学习。

一个有快乐童年的孩子，他的学习兴趣被父母保护好了，那么他会有强劲的后劲，一生都对未知事物充满好奇心，有求知欲，有创造力，这样的孩子终身都在学习，提高自己。父母需要下功夫培养的是孩子的良好品德和性格，让孩子成为一个对生活充满热情、自信、有爱心、勤奋有礼的人，这样的人根本不会被社会淘汰，因为无论社会怎么发展，都需要这种人。这样的孩子会去追求自己的梦想，他会拥有一个快乐的人生，而成功只是随之而来的副产品而已。

教育的根本是育人，不是育成绩。成绩不是不重要，但是把成绩当作唯一衡量孩子的标准就错了。人育好了成绩不好没有关系，成绩好人没育好一定会出问题。

说到底，是父母对未来的焦虑、对未来没有安全感，动摇了自己明知是正确的育儿理念。因为随波逐流是最能让人安心的，所以，很多父母明明知道很多事情对孩子不好，却还是让孩子去做，这样能让自己焦虑的心得到些安慰，觉得自己已经尽力了。

　　所以父母要在建立自己的安全感上下功夫。不用去比较孩子之间的学习成绩，而应该和其他父母比较谁对孩子更有信心。谁相信自己的孩子一定会成为一个品德高尚、身心健康的人，相信孩子的未来一定充满光明，相信孩子一定会拥有幸福快乐的人生，那么他的孩子就真的可以做到。

学习中等的孩子最有前途

和一个在大公司做人力资源经理的朋友聊天，他说以他多年招聘的经验看，在校学习成绩中上等的孩子是最有前途的。尤其是那些父母不管束，自己兴趣广泛，爱玩游戏爱上网，学习还是中上等的孩子，出了社会都有出息。

他说这一类孩子往往精力充沛，学校的课业他们仅拿出部分精力对付，花时间涉猎很多与学习毫不相关的东西，比如怎么与老师交手、钻学校的漏洞，怎么和父母周旋、怎么想方设法搞点儿零花钱、怎么去追男（女）朋友、怎么和朋友斗智斗勇……总之他们在学习之余喜欢搞点歪门邪道，想办法达到自己的目的。这些实际上都是出了校门后十分有用的能力和经验。

他说他招的名牌大学的毕业生、学习尖子在公司里往往都是循规蹈矩地工作着，是可以放心把工作交代下去的那一批人。而最后爬上高层、领导他们的却是那些成绩中等的人，杀出公司自己单干或者主动跳槽寻求更好发展的也往往是这类在校时学业并不出类拔萃的人。

他说实际上百分之九十五以上的工作，只要智商中等、读书成绩普通的人都可以胜任，但是能不能得到机会、能否被提拔或者不幸被裁员，是由处理人际关系的能力决定的。

朋友说，不仅仅是后续发展，单是招聘这一关，起决定作用的都不是成绩。他们搞招聘的人都知道一句话：面试的时候，与人打交道的能力比专业水平更重要。（People skill is more important than technical skill in interview.）

无独有偶，中国台湾"中央大学"管理学院林子铭教授也发表过类似的观点。他在武汉长江工商学院演讲时说，台湾商业杂志调查发现，一般大型企业的老板都不是班上的第一名，通常排名在十名左右。这是为什么呢？林子铭解释说：学习太好的学生，每天回家都会被父母盯着做功课，从小到大看重的是分数，眼中只有自己，这类学生的情商通常不高，往往会为了一两分争得你死我活，而不会关怀其他同学。而第十名的学生智商和资质都是中上等，但是他们不会被分数控制，有更多精力去涉猎不同的知识，抗压能力比较强，人缘也比较好。

他还说，吃饭老插队的人，开车总想超车的人都不会成功，因为他们过于自私。此外，一个人的成长过程中，爱是最重要的，他建议大学生培养自己的爱心，学会关心他人，在学好专业知识的同时，不断提升自己的情商。

他们的论点都在于学习成绩特别好的孩子，因为太关注成绩，所以在情商方面的培养就无暇顾及。而情商也就是为人处世、人际关系这些与人打交道的能力，是以后事业成功的关键，比在校时的分数重要得多。

很多父母看到孩子的成绩中等，而孩子并没有把精力都放到学习上，最常做的是耳提面命："你要好好学习啊，你若是肯把精力都放在学习上，可以取得更好的成绩！"

这些父母貌似正在拼命把一个大老板的材料往打工仔的模子里塞啊！

台湾著名作家林清玄，在一次讨论会上也谈到过这个问题：我发现大陆家长很在意成绩，都想让孩子考第一名，其实，现在世界精英都不是当年的尖子生，他们在班级的排名是第七名到第十七名。原因就是这些孩子人际关系更好，可以和第一名做朋友，也可以和最后一名做朋友，而且孩子压力小，生活更轻松，也更有创造力。

他说："我当年考大学，第一年没考上，第二年也没考上，第三年终于考上了，大学录取分数是361，我考361.5，我琢磨起谁是那个考361分的幸运儿，原来是张毅，他现在是'琉璃工房'公司的老板，世界五百强企业。所以说，小孩成绩可能不是很杰出，但是不要放弃，因为世界上每个孩子都是不一样的，就像种植物一样，山坡地种竹笋、香蕉，沙地种西瓜和哈密瓜，烂泥巴里种芋头，不同植物适合不同土地，不是只有一个样子的。这个世界的悲哀就是把所有的不一样集合在一个校园里，希望教育成一个样子。"

林清玄那年的高考，排名倒数第一的同学成了世界五百强企业的老板，倒数第二的成了出版过一百三十多本书的著名作家。新东方的创始人俞敏洪也是高考考了三次才考上大学的，从他们的例子看，在校成绩对于日后的成功并没有起到决定性的作用，那么起决定作用的是什么呢？

林清玄认为重要的是：面对挫折的能力；爱的能力；认识生命的多元价值；正确的世界观；会表达自己的情感和思想的能力。

俞敏洪在演讲中说起自己成功的关键：第一点，他是一个善良的人；第二点，他是个乐于助人的人；第三点，他是个勤奋的人。他认为一个人的人品和道德是一辈子成功与否的关键。他还强调人的成长是一辈子的事情，绝对不是由你在小学、中学所得的分数决定的。分数对孩子来说很重要，但是不能因为孩子分数低就认为孩子没出息。请家长一定要改一改判断成功的标准。孩子分数高是成功的标准之一，但是千万不要把它当作是必然的标准，更不能当作是唯一的标准。

这些成功者普遍认为人品、与人打交道的能力、世界观等品行情商比学习成绩更为重要。培养孩子的这些素质，说着容易做起来难。首先这些东西比较虚，难以用分数来衡量到底培养到什么程度了，也无法和外人比较，父母心里没底。另外这需要十八年细水长流的影响，比督促孩子学习提高成绩，督促孩子练钢琴难度大得多。

最关键的，如果我们做父母的本身不具备良好的品德，为人处世不够达观，世界观不够健全，那么就很难给孩子以正确的世界观和良好的品德。所以，父母想要孩子有出息，就要在提升自己的水平上下功夫。如果孩子是条船，父母就是载舟的水，只有我们自己的水位提高到一定程度，孩子才能扬帆远航。

水平的高低和父母有多少知识无关，取决于父母生活的智慧。我们要给予孩子的是生命的教育。双眼只盯着成绩单的父母，看不到大的画面，会错失了孩子生命的教育。

"吃了牛肉就会变成牛!"

这两年女儿凯丽放学后,我在家里给她和一个美国孩子上中文课,前两天书上的一篇阅读文章,让两个孩子陷入了困惑中。

文章说有个六岁的孩子看到叔叔炒了一盘牛肉,直流口水,可是叔叔告诉他:"小孩不能吃牛肉,吃了就会变成牛。"他听了之后不敢吃,而叔叔自己津津有味地吃起来。孩子在一旁直替叔叔担心,可叔叔吃完了并没有变成牛,孩子自忖因为叔叔是大人的缘故。过了几天,叔叔又炒了一盘牛肉,小孩实在忍不住,偷偷地吃了起来,然后想起了叔叔的话,心里很害怕,吃完后一个人躺在床上等着自己变成牛,结果什么都没有发生。于是他知道叔叔在骗人,吃了牛肉是不会变成牛的。

两个在美国长大的孩子读了这篇课文后,理解不了,问我为什么文中的叔叔要骗孩子?我揣摩课文的意思,似乎这个叔叔就是为了自己要多吃点牛肉才骗小孩的,也许只是恶趣味地骗着孩子玩。无论从哪个角度去理解,在从小受诚实品德教育的孩子们眼里,大人骗孩子都是难以接受的事。我正琢磨要怎么向他们解释的时候,两个孩子你一言我一语地推断说:"应该是那个叔叔觉得牛肉是红肉,小孩吃了不利于健康,所以才骗他的。""其实叔叔应该直接告诉孩子为什么吃牛肉不好,而不应该说谎,他这样信口开河地骗孩子,会让孩子以后再也不信任他了。"

孩子们的话让我想起来发生在一个朋友身上的故事。

这个朋友为了让六岁的儿子学好中文,坚持让他在家里用中文和父母对话，可儿子还是跟她说英语，她就装作听不懂，逼儿子用中文讲给她听。儿子反问她："妈妈你如果听不懂英文，那你在办公室怎么能跟同事讲话呢？"朋友觉得孩子真是聪明，竟然什么都明白，一眼就戳穿了大人的小把戏。

第二天中午午休时，她把这件事当成趣事讲给一同吃饭的同事们听，可那些美国同事没有一个人觉得好笑，他们都很严肃甚至有点气愤地质问她："你怎么能这样欺骗自己的孩子呢？"

朋友这才意识到有一些我们中国人认为是无伤大雅的事情，对于美国人来说却是难以容忍、不被接受的。

其实我们传统文化里对欺骗孩子的行为也是断然否定的。最典型的例子就是"曾子杀猪"的故事：曾子的妻子想去赶集，儿子哭着也要跟过去。母亲对他说："你回家等着，待会儿我回来杀猪给你吃。"等她从集市上回来了，曾子就去捉猪来杀。妻子劝止说："我不过是跟孩子开个玩笑罢了，你怎么还真杀啊！"曾子说："这可不能随便开玩笑啊！小孩没有思考和判断能力，都是向父母亲学习，听从父母亲的教导。现在你欺骗他，这就是在教育他骗人啊！母亲欺骗儿子，儿子就不会再相信自己的母亲了，我们不能这么教育孩子啊！"于是曾子就真的把猪杀了，煮了肉给儿子吃。

时至今日，有很多父母根本不把随口骗骗孩子当回事儿了。"你再哭大灰狼就把你叼走了！""你再不听话警察就来抓你了！""你不听话妈妈就不要你了！"是父母们经常拿来恐吓、哄骗孩子的话。能把上文提到的那篇明目张胆地讲怎么骗小孩的文章当作阅读教材放进教科书里，也从一个侧面反映了我们整个社会，包括知识分子阶层已经对骗孩子这一现象习以为常了，丝毫没有觉得有什么不妥。

大人为达到目的信口开河，觉得撒个小谎无伤大雅，可孩子因此会失去对大人的信任，更严重的是，孩子耳濡目染，也会觉得遇事找个借口、骗骗人是生活常态，没有什么了不得的，那么"培养孩子诚实的品德"只是纸上谈兵而已。当孩子失去了诚实做人的品德，在以后的生活道路上他会为此付出代价的。

一个公司老总讲过一个招聘时发生的故事。他们公司准备在来实习的几十个大学生里留下三个人。其中两个人已经内定了，实际上留给其他人的名额只有一个，学生们都使出浑身解数想留下来。经过几个月的观察，公司从上到下普遍看好了一个小伙子，他各个方面都很出色，能力强成熟稳重也非常努力，是个难得的人才，可是这个老总最后拍板不要他。老总说其实也不是什么大不了的事情，就是有一次偶尔看到他一个人在收拾招待客人剩下的香烟时装进兜里一盒，当时心里就有点腻味，觉得还是不合适留下来。那些招待客人剩下的东西老职工们经常往兜里装，反正招待费用已经走账了，可他一个新人这么做了，却让自己丧失了一次至关重要的机会。

绝大多数的上级在用人的时候，无论社会风气如何，无论他自己德行如何，他始终会把人品当做一个重要因素来考量。

中国社会近几十年经济高速发展，极快地进入了商业化社会，其中很多不规范的投机操作变成了企业生存的手段，这极大地影响了整个社会的价值观。长远来看，诚实、善良、宽容、忠诚、责任感、有爱心、乐于助人这些价值观永远都是受人尊重、受人欢迎的品德，是孩子必须拥有的基本素养。

违背孩子生长规律的早教

很多妈妈给我写信讨论孩子的早教问题，这些妈妈从孩子眼睛刚刚能聚焦就开始教他认字，才牙牙学语就开始让孩子背唐诗、学算术，等到三四岁已经奔波于各种早教班了。妈妈为了孩子的成长全身心地投入和努力，不过，如果努力方向错误的话，奋力向前只会离目标越来越远！

学龄前本是孩子最无忧无虑的一个人生阶段，吃饭睡觉玩耍，自然而然地成长，在玩耍中学会基本的生活能力，认识社会和世界。可现在父母热衷给孩子早教，强行干扰孩子的自然发育进程，美其名曰，不让孩子输在起跑线上。人生并不是竞赛，如果一定用竞赛来形容，那么是马拉松，不是百米短跑，马拉松选手起跑时的状态对于整个比赛成绩是无关紧要的。

孩子身心发育有其自然规律，比如"三翻六坐"是人人皆知的孩子身体发育的规律，能不能通过训练让三个月的孩子学会坐？父母们都不会愚蠢地去尝试，因为谁都能看得到三个月孩子的脊椎不够强壮到可以坐起来，强行训练会让孩子受伤。再说，孩子早几个月会坐对于他并没有什么意义。同样，孩子的大脑发育也有规律，大人不能因为看不到大脑内部的发育状况就以为可以随便去刺激，更改孩子的发育进程和规律。早几年认字和早早会坐一样对于孩子也没有任何积极的意义。

爱利克·埃里克森是世界著名的发展心理学家和精神分析学家。他提出了人格的社会心理发展理论，把人心理的发展划分为八个阶段，每一阶段都有一个特殊矛盾，矛盾的顺利解决是人格健康发展的前提。

从出生到十八个月左右是婴儿期，这是获得基本信任感的阶段。婴儿如果得到了良好的照顾，他的需要被外界满足，他由此会对照顾他的人产生信任感，也会感到所处环境是安全的，周围人们是可以信任的，由此就会建立起对他人的信任。婴儿如果得不到周围人的关心与照顾，他就会对外界产生害怕与怀疑的心理，影响到下一阶段的顺利发展。

从十八个月到三四岁是童年期，是获得自主感而避免怀疑感与羞耻感的阶段。这一阶段儿童开始有了独立自主的要求，想要自己穿衣、吃饭、走路、上厕所、拿玩具等，他们开始去探索周围的世界。这时候，如果成年人允许他们独立地去做一些力所能及的事情，并且表扬他们完成的工作，就能培养他们的意志力，使他们获得了自主感和自我肯定，能够自己控制自己。

相反，如果成人过分地爱护他们，处处包办代替，什么也不让他们动手；或者过分严厉，这也不准那也不许，稍有差错就粗暴地斥责，甚至体罚，例如孩子不小心打碎了杯子，尿湿了裤子，成人就对其责骂，孩子就会产生自我怀疑与羞耻之感。

很多中国父母在这个阶段开始教孩子识字、算术、英语，背乘法口诀，而上厕所、吃饭、穿衣这些孩子想要自主去做的事情家长却百般地伺候着，不让孩子自己做，这正是妨碍孩子这一阶段正常心理发育的做法啊！

四到五岁是学前期，是获得主动感而克服内疚感的阶段。孩子在这阶段的肌肉运动与言语能力发展很快，能够跑、跳、骑车，能说一些连贯的话，还能把自己的活动扩展到外面。除了模仿之外，孩子对周围的环境充满了好奇心，会问很多问题，手脚不闲着。这个时期，如果成人对于孩子的好奇心以及探索行为不横加阻挠，让他们有机会去自由参加各种活动，耐心地解答他们提出的各种问题，那么，孩子的主动性就会得到进一步发展，表现出很大的积极性与进取心。

反之，如果父母对儿童采取否定与禁止，甚至嘲笑与指责的态度，就会使他们认为自己提出的问题是愚蠢的，自己的行为是不好的，自己在父母面前是讨厌的；致使孩子产生内疚与失败感，他会变得缩手缩脚，不敢探索外面的世界，这种内疚与失败感会进一步影响下一阶段的发展。

从上面学龄前孩子发育阶段可以看出来，父母在学龄前要培养孩子自己的事情自己做，让孩子自由玩耍，满足孩子的好奇心和探索精神，让他有机会接触大自然。孩子才会由此建立起安全感和自信心，才会有毅力有进取心。这些都是父母渴望孩子拥有的品质，如果大人不去错误地干预，耐心陪伴着孩子生长，孩子可以很自然地发展出这些品质。

很多青春期的孩子出了严重的问题，家长四处寻求解决办法，这个时候真的就太晚了，因为前面的每一个阶段都陆续留下了问题，不是现阶段可以解决的。爱利克·埃里克森认为治本的办法是用心理学的方式倒回去让孩子重新经历一遍他的生长过程，将错误的养育方式矫正过来，让孩子在每个阶段得到该有的满足。治疗时间因人而异，少的要一两年，多的要花几年的时间，有多少孩子有时间和机遇得到这样的治疗机会呢？

与其在后来出问题了想办法纠正，不如一开始就顺其自然地养育孩子，不去拔苗助长。

我们对自然应该有所敬畏，对孩子的生长规律也要有份敬畏之心。家长们疯狂地往孩子们的头脑中装载他们认为有用的知识和概念，迫使孩子早早成熟，就和现在有人给水果催熟是一个道理，被催熟的果子，外表光鲜，可是食之无味，很快就烂掉了。一个人拥有童真的时间很短，成年期却很长，就让孩子拥有一个快乐的童年吧。有个父亲对我说：给了他快乐的童年，他成年以后可能就要痛苦了。可一个人如果连最该快乐、最容易满足与快乐的童年都不快乐，他在成年后如何能够体验到纯粹的发自内心的快乐呢？他的人生已经步入了把快乐放置在一旁的路，只怕一辈子都不知道什么是真正的快乐了。

父母以为成功可以给孩子带来快乐，可是一个过早地被开发的孩子，后劲不再，很难达成父母所期待的成功。诸葛亮曾给兄长写信提到儿子诸葛瞻："瞻今已八岁，聪慧可爱，嫌其早成，恐不为重器耳"。他说儿子已经八岁了，聪慧可爱，但是因为过于早熟，恐怕以后担当不了大任。以诸葛亮的聪明智慧，能够意识到孩子要按部就班地成长才会根基牢固，他不担心孩子不够开窍，担心的却是自己儿子太早慧会影响其后劲。

可知中国有多少个天才，在无知的早教下，被摧残成了凡夫俗子，甚至身心都出现了问题。父母在洋洋自得两三岁的孩子会认多少个字，会背多少首唐诗的时候，是否意识到孩子有可能被延误了某些人格特征的发育而影响到他以后的成长呢？

中国父母之所以热衷于早教，更深层的原因在于自己对于生活没有安全感，对未来充满了恐惧和担心，而把这种恐惧投射到了孩子身上。要用孩子的"优秀""出类拔萃"来使自己安心。在爱的旗号下，我们实际上把孩子变成了为自己获取安全感的工具，变成了满足自己虚荣心的工具。

想要打破早教的魔咒，需要父母建立起内在的安全感，消除内心的恐惧，需要在自己的心灵上下功夫才行。

尊重孩子的个体生长发育规律，陪伴孩子成长，不去拔苗助长，不去人为干扰，让孩子自由自在地玩耍，由此探索自然和世界，是父母给予孩子最好的早教了。

孩子心中最深的渴望

一个国内朋友的孩子，小学时读的是寄读学校，他一直厌学，上了初中后愈演愈烈，等到初升高的时候，就坚决不肯上学了。父母百般无奈之下把他送到了美国来读私立高中。

这孩子几次在宿舍里讲活着没有意思，不想活了的话，同宿舍的同学担心他出事就报告给辅导员，辅导员又报告给学校。学校送他去就医，医院做了全面检查之后认为他身体很健康，并没有问题，是精神、心理方面的因素造成了厌世，所以把他转到心理医生那里做心理治疗。

每周两次去看心理医生并没有改善他的症状，他依然自我评价很低，觉得自己活着没有任何价值。医生开始让他服用药物，他看起来平静了很多。前不久他和母亲通完电话之后，在宿舍里摔东西大喊："为什么不让我死了！为什么不让我死了！"闻讯赶来的老师立即叫来了救护车把他送进了医院急诊室。在医院中他的情绪依然激动，跟医生讲他真的觉得自己的人生毫无意义，他本就不该存在于世，医生认为他确有自杀的可能，连夜将他转院到精神病院，住进了一个专门治疗有自杀倾向的孩子的单元。

他住院后的第二天我闻讯赶去看他。医院坐落在一个偏僻地方，亭台楼阁，树木成荫，修建得雅致美丽。

经过道道关卡、重重审核，终于进入了青少年单元的会客室。在等待会面的期间，我注意到会客室的墙上贴着一些孩子们的画和文字：

有个孩子写道："I am special in my OWN way."（我是特别的——以我

自己独有的方式。)

还有个孩子写道：我是被爱的，我是强壮的，我是有价值的，我能活下去，我是我自己!

另一张写着：这个世界上总有一个人在爱着我，我知道。孩子在旁边画了一张笑脸，可是眼睛下面点了两笔，像是眼泪。

旁边的墙上贴着的文字有：

我只能做我自己，不管内在还是外在。

有人需要你! ! !

力量来自于内心。

你不知道你是美丽的。

我应得尊重。(这个孩子把"尊重"大写并重重地描了好几遍。)

这不是——末日，这只是一个新的——起点。

让我做我自己，而不是你认为我该成为的样子。

……

这些话表达出这些了无生趣的孩子们心底最深的渴望。

孩子们需要的，是父母全然的无条件的爱，以及尊重与接纳。如果父母的爱是有条件的，孩子必须按照父母的意志行事，就等于把父母的灵魂强行压进孩子的内在一样，孩子自己的灵魂无所依托，活着如同行尸走肉，那么他失去了活下去的意愿也就成了必然。

友人的孩子出来和我见面，无精打采的样子，说在里面睡不好觉，问为什么，他说房间不能关门，每隔十五分钟工作人员就会进来查房，用手电筒查看是否睡着了。他气愤地说那些人真蠢，被手电筒那么近地朝脸上一照，本来睡着了也被照醒了。

我想这样的管理制度，一定是在接受了很多经验教训之后才形成的。有些孩子一心寻死，黑夜里什么办法都能想得到。医院为防止出意外不得不为之，并不是蠢的缘故。我问他是否跟医生讲过睡不好觉的事情，他说讲了，医生给加开了安眠药。

问他白天干什么，说有医生单独谈话，然后集体上课，主题是自我肯定什么的，还让孩子们轮流表决心要好好地活下去。

孩子的表情是漠然的，也是无助的。

我绞尽脑汁地想让孩子高兴一点，让他感受到一点温暖和爱，可是冰冻三尺非一日之寒，要彻底融化环绕着他内心的冰山，需要把他的生长过程翻过来重走一遍。

医院的管理人员进来说到关门的时间了，我起身跟孩子告别，他的脸上冷漠褪去，抓住我的手向我恳求道："阿姨，你想想办法把我弄出去吧，在这里干什么都有人看着，一点人身自由也没有了，再这么待下去，我会疯掉的！我保证出去之后再也不说想死的话了！"看着那么年轻却又那么无助的一张脸，我眼睛发酸，点点头说好，管理人员过来将他领进了那道门，我听见上锁的声音持续地响起，渐渐地越来越远。

出了医院大门，寒冬的夜里，万籁俱寂，几盏昏黄的路灯照着停车场里的零星车辆。

站在那儿，冷冷的风拂过脸庞的泪水，也拂过我沉重的心。眼看着一个孩子往悬崖下面滑去可是你却无能为力，那种感觉让人悲痛、无助、让人想骂出最粗俗的话来。

什么样的父母是好父母？什么样的父母是成功的父母？

那一刻，我深深体会到：父母如果能让孩子自我肯定，能让孩子觉得生活是充满希望、充满乐趣的，那他们就是最成功的父母了。

什么成龙成凤，考好名次，上好学校，找好工作，在生命面前，都是浮云。

"虎妈"会给孩子留下了终生的创伤

"虎妈"的教育方式在受到很多人批判的同时，也得到了一些中国父母的推崇，他们认为"虎妈"的做法是为孩子负责，在为孩子的未来做充足的准备。虽然"虎妈"严厉了一些，但是"严师出高徒"，"虎父无犬子"，孩子在父母的严格要求下，会挖掘出自身的潜力，在学业、事业上取得更大的成就。

可是很多父母没有意识到，有"高徒"和"虎子"潜质的孩子，不用虎妈的方式也能成功，甚至更成功。而不具备"虎子"潜质的孩子，本来可以有自己的成功方式，但是"虎妈"的方式却使得他们走上无论怎么努力都达不到父母期望的路，痛苦自卑，失去了自己成功的可能性。有些孩子虽然在事业上取得了很大的成功，但是在心里留下了永远的创伤。

下面的故事，足以说明"虎妈"式教育方式可能带来的弊端。

有个朋友小时候住在职工宿舍的大院里，当别的小朋友都在院里跑跳玩耍的时候，妈妈不许她出去，逼着她在屋里学习，做各种练习题。她有时候被孩子们的吵闹声吸引而朝窗外看上一眼，就会招来妈妈的谩骂和殴打。她妈妈有只废鞋底，是惩罚她的"刑具"，专门用来打她的头。她不听话了，考试成绩不理想了，都会被她妈用那只鞋底"修理"。院里的小孩们经常围在她家窗外听她妈妈大声呵斥她，用鞋底抽她。后来她考上了清华大学，她妈妈得意至极，到处跟人谈自己的教女经，还被学校请去作报告。录取通知书下来后，她的学习资料被大院里的其他家长一抢而光，一时大院里各家打骂孩子的频率大增。

这个女孩大学毕业后申请出国留学，被耶鲁大学录取；博士毕业后，在一家知名大企业找到工作，认识她的时候，年薪已达三十万美金。但是她母亲的得意和自豪，从她踏出国门的那一天起就结束了，因为这个女儿再也没有和她联系过，她只能从别人嘴里辗转得到一点女儿在国外的消息。如今这个女友年近四十，仍是孑然一身。她人非常聪明，长相性格都不错，周围朋友给她介绍男朋友，她总是摆手拒绝，连面都不肯去见。有一次几个女人在聚会时又跟她谈起男朋友的话题，她说："你们别看我外面是完整的，其实心里面，都是一片一片的，都是碎的。我这辈子就这样了，将就着过完了就算了，就别去害别人了。"她的语气平静无波，但是在场的每一个人都被她的眼神、表情和话里的意思震住了，以后谁都不敢再跟她提找男朋友的事儿了。

其实以她的天分，她妈妈即使不用那么粗暴的方式对待她，相信她也可以考上很好的学校，想出国也能出国留学。现在，却是完全不同的结局。

Lac Su是TelentSmart 的执行总裁，也是一个作家和心理学家，曾出版过一本自传体小说《"我爱你"是白人的说法》。他曾应美国有线电视新闻网（CNN）之邀，写下了他对于"虎妈"育儿的看法。

Lac的爸爸是中国人，妈妈是越南人，他的父母就是"虎妈"式的父母。小时候父母总觉得他学东西太慢，总是认为他在学校没有进步，所以就不停地骂他是蠢货、骂他是笨蛋、废物，骂他浪费资源，甚至动手打他，他们认为打骂羞辱可以激励孩子努力上进。

父母不惜一切代价也要让孩子成功的强烈欲望，使他们认为孩子做得远远不够，所以不遗余力地逼迫他，不管Lac多么努力学习多么听话，父母都不允许他出去和朋友们玩儿，他只能待在家里学习。

当打骂没有使Lac变得足够聪明时，他的父母找到了一种在古代中国能使孩子变得聪明的偏方；在Lac上三年级时的一天早晨，他们在他盘子里放了一块垒球大小的粉红色的颤巍巍的东西，那是一块牛脑！父母逼迫Lac每周吃一块，持续吃了一年，但是这个办法一点也没有让他变得更聪明。

而父母所做的这一切，彻底摧毁了他的自尊。

Lac成年后接受过无数个小时的心理治疗，虽然他自己就是心理学博士，但是不管是心理治疗师还是他自己的专业知识都无法将他从自我否定中拯救出来，因为儿时造成的心理伤害成年后就很难去矫正了。他很多时候不得不依靠酒精来麻醉自己、减轻痛苦。直到现在他每天仍然会问自己到底蠢不蠢？在读硕士之前他从来没有在班上举过手，因为他真的认为像自己这样一个傻瓜根本不会讲出来什么有价值的观点来。

Lac现在三十多岁了，他说他敢肯定从表面上看他是一个成功、幸福的人。他出了书，是一个成功的企业管理者，有一个心理学博士学位。尽管如此，他父母的教育方式却是彻底失败了，因为他的内心深处，已是支离破碎。

Lac的父亲，直到看见成年后的Lac用赞赏、接受的方式养育自己的孩子时，才意识到世上原来还有更好的育儿方式。几年前他们家庭聚会时，父亲承认说他后悔以前那样粗暴地对待孩子，Lac听了后不知道该回答什么，因为伤害已经造成了。

孩子需要父母的爱和认可来发展他的自尊；强权控制、贬低孩子会传递给他们自己不值得爱、不值得被肯定的信息，这种负面感觉会伴随孩子一生。

Lac针对"虎妈"的话题在采访最后说："我想告诉'虎妈'，我宁愿用我所有的成功去换取心里没有被'虎妈'留下深深伤口的人生。"

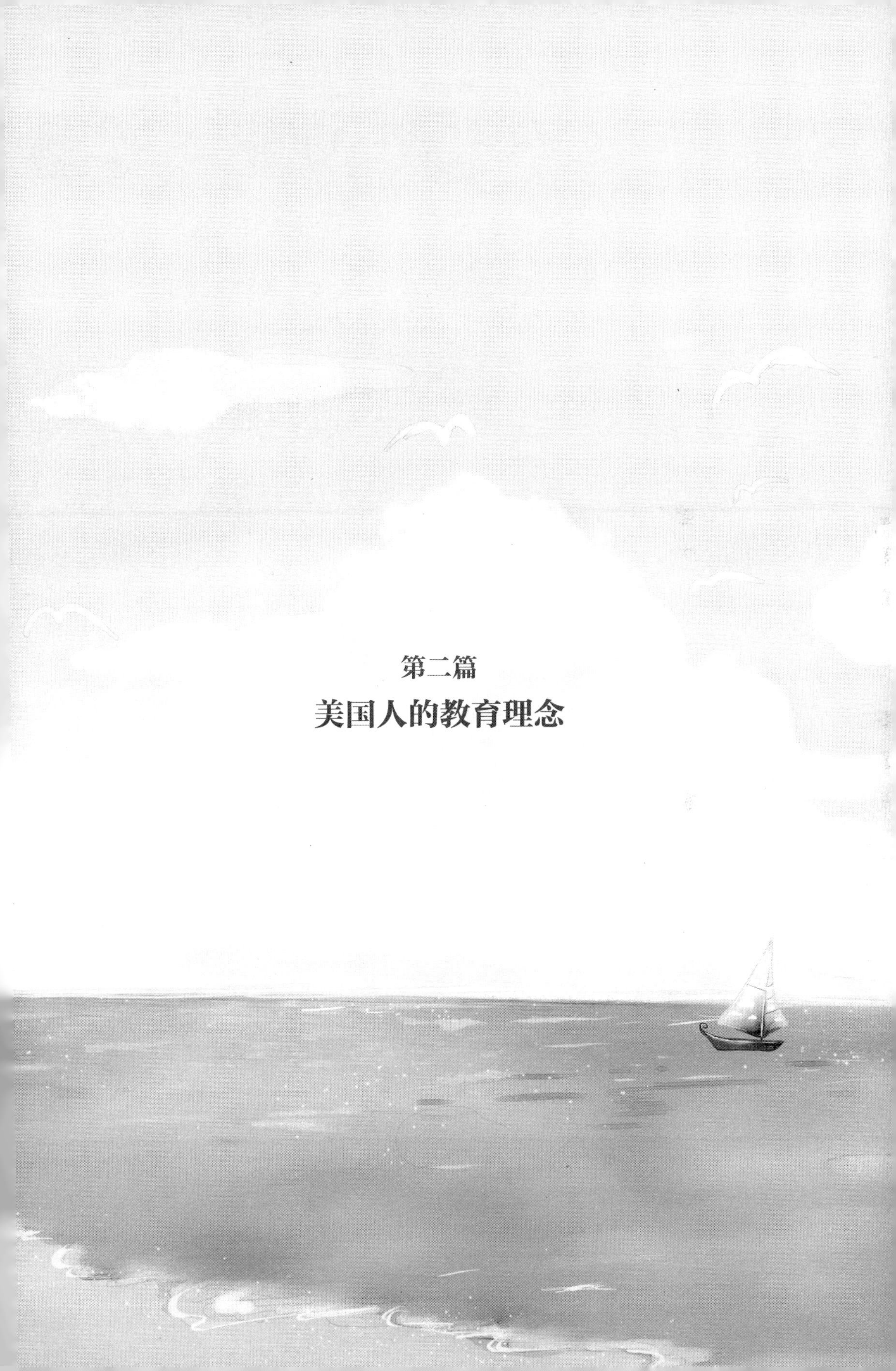

第二篇

美国人的教育理念

美国的"妈妈俱乐部"

"妈妈俱乐部"（Mom's Club）是专门为全职或兼职妈妈成立的世界性组织，每个地区都设有分支机构为营地举行各类活动。

我在小儿子三猪两岁多的时候，经由美国邻居介绍参加了当地的妈妈俱乐部。我们城市比较小，俱乐部里一共有五十多位妈妈，每年都会选出主席、副主席、财务、秘书负责组织各项工作。每个月俱乐部会借教堂的大活动室举行全体会员会议，大人小孩一起参加，热闹非凡。在会上负责人们要向成员汇报上个月的工作，介绍下个月的活动安排，并对一些特殊活动征求大家的意见，难以决定的大家举手表决。俱乐部定期还会邀请保健、育儿、心理、家庭关系等方面的专家来和大家座谈。入会的妈妈们象征性地交一点会费，主要用来租用活动场地和准备开会时的咖啡点心等开销。

俱乐部下面成立有读书小组、烹饪小组、手工小组、义工小组、互换托儿小组等按妈妈们兴趣和需要分的活动小组，还有按孩子年龄段分的小组，这样孩子可以和同龄人玩耍交友，每个小组每周都会举行活动。

那么活动由谁组织呢？俱乐部规定每位成员每年必须至少做主人主持两次活动，地点形式不拘。妈妈们都是绞尽脑汁想出各种活动点子，所以俱乐部的活动真正是丰富多彩。除了最常见的公园聚会，大家还会轮流到各家去玩。

俱乐部每个月都会发给会员月报，上面有会员通讯录，新入会成员介绍，本周过生日的妈妈和孩子名单等，最主要的是上面罗列出了本月所有的活动，可以看到几乎每天都有活动安排。妈妈们可以选择喜欢的活动报名参加。基本上妈妈和孩子想出去玩的时候总是可以在妈妈俱乐部里找到一个去处，大人们凑到一起聊聊天，小孩们在一起坑坑闹闹，充实而又快乐地度过一天。如果妈妈们参加读书小组等兴趣活动时，每次由一位妈妈负责照看孩子，其余的妈妈们一起享受两个多小时的自由时光。

在各种节日，俱乐部也会相应举办活动，比如我曾参加过圣诞节交换自制饼干的活动。报名的时候就说好自己做什么样的，这样大家就不会重复。每人带六十块，十二个人一组，每人每种分五块。那年我做了"菊花酥"，带到组织活动的那个妈妈家，和儿子又吃又玩了一上午，带回来一大盒各种各样的点心。过鬼节的时候，孩子们穿上各自的鬼节服装聚在公园里，妈妈们在草地上树林里装扮成各种卡通人物，让孩子们拎着小桶去要糖。

俱乐部还有一个传统项目是为产妇送饭。俱乐部成员怀孕生子之后的头一个星期，由俱乐部的妈妈们轮流送饭给她。美国人没有坐月子的习惯，所以产妇得自己做饭吃，俱乐部的这个做法既让刚生产的妈妈免去了做饭的辛劳，又让妈妈体验到组织的温暖。我曾给一个美国妈妈送过饭，我做了美国人能够接受的中餐，她特别高兴，说没想到还能够改善口味。

我在俱乐部期间，几乎参加了三猪年龄组的所有活动，亲身体验到了中美两国育儿理念上的一些差异。

和我们相比，美国妈妈对孩子更放手些，比如两岁的孩子摔倒了，美国妈妈顶多看一眼，眉毛都不动一下，该干什么还干什么。孩子如果摔疼哭了，妈妈会扶起孩子告诉他下一次要小心些，很具体地告诉孩子要注意什么才不会重蹈覆辙。我们中国人看到孩子摔了，一般都是赶紧扶起孩子，很多老人不仅要扶，还得哄着孩子。如果因为绊着什么东西了，要打那东西几下。这样会让孩子形成一种心理：不管自己出了什么状况，都是别人的责任，都可以怨别人。美国妈妈的观念是你摔跤了，那是你自己不小心，是自己的责任，摔疼了，下一次就学乖了，知道该注意什么了。

美国妈妈很尊重孩子，她们和孩子说话都会蹲下来，让孩子平视就可以看到妈妈，对孩子说话"请""谢谢"不离口。两三岁的孩子，穿衣吃饭都是自己动手，妈妈只是在旁边帮帮忙而已。

冬天在公园里玩，孩子热了就把棉衣脱下来，妈妈们一声不吭，随孩子去。我们中国父母一般都会根据自己的感觉判断是否让孩子增减衣服，不会让孩子决定这件事，觉得孩子太小，要为孩子把关。美国人认为孩子再小也是个独立的个体，要尊重他们的独立意志，

俱乐部经常有孩子的手工活动，妈妈们都是三三两两地聊天，让孩子随心所欲地"胡搞"，如果孩子喊妈妈帮忙，妈妈会过来启发一下。不管孩子做出来的东西有多么离谱，妈妈都会发自内心地使劲给予表扬，好像孩子做了多了不起的艺术品一样。她们只是让孩子动手，让孩子参与，让孩子体验到自己做成了一件东西的成就感，并不在意孩子是否有艺术细胞，是否做得比别的孩子好。

美国妈妈对孩子品德上、为人处世的规矩上要求得非常严格。如果一个玩具几个孩子抢着玩，大人会设定时间，比如每个人可以玩两分钟，按照顺序轮着玩；若是哪个孩子不守规矩，妈妈就会把他拎到一边，让他反省，什么时候认识到错了，好好排队玩，什么时候才可以归队。

我们小组里有个叫大卫的男孩特别调皮，几乎每个孩子都吃过他的亏，他妈妈管教他真是不含糊。一次他在自由活动时抢别的孩子玩具，妈妈警告他不可以，让他把玩具还给那个小朋友，告诉大卫等轮到他的时候才可以玩。不一会儿又传来了孩子的大叫声，原来他们争的是个赛车玩具，正在玩的那个孩子玩得不熟，赛车总是出轨，大卫忍不住又抢过赛车想示范一下，那个孩子"哇哇"大叫起来。大卫妈妈对他说你不能这样，

再犯规一次我们就回家。大卫辩解说他不会玩，我要告诉他怎么玩。妈妈说，他不愿意你告诉他，他想自己练习，在他玩的时间里，他想怎么玩就怎么玩，你不能干扰他。第三次从赛车玩具那儿传来吵闹声，我们看到还是大卫和别的孩子起了争执，大卫妈妈走过去什么也没说，拎起大卫往外走，大卫大声哭喊起来，妈妈面不改色地将他带出了活动室。几年后我在三猪的足球队里又遇到了大卫，他精力依然出奇地旺盛，但是变得非常有礼貌，踢球时总是鼓励队友，尊重对手，很有大将风范。

很多人对家庭妇女有偏见，认为长期在家里带孩子会与社会脱节，没有见识……我参加了"妈妈俱乐部"之后，发现根本不是那么回事。那些专心在家里相夫教子的女人们几乎都是怀孕生孩子后从职场退下来的，里面可谓藏龙卧虎。比如有一位是哈佛医学院毕业的，住院医都做完了，马上就可以选择去挂牌开业或是进一步做专科训练，突然有孩子了，就窝在家里专心养孩子，两年多的时间内连生了两个，在俱乐部里担任秘书一职。还有一个妈妈是当地希尔顿酒店的总经理，不孕多年，四十多岁终于怀上了，立即辞职回家保胎，一举得子之后，就把陪伴孩子当成了生活中的第一要务来做。还有个妈妈是舞蹈教师，身材一级棒，在俱乐部里组织了一个健身小组，教大家产后怎么保养身材。

很多妈妈们在孩子大些后，会重返职场。最典型的例子就是美国众议院议长佩洛西，结婚头六年生了五个孩子，一直在家里做家庭主妇，直到最小的孩子上了中学，才走出家门从政，最终成为美国建国以来首位女议长。

北美很多妇女选择做家庭主妇与这里的文化及社会制度有很大的关系。

在中国，祖父母照看第三代似乎是天经地义的事儿，在美国一辈只管一辈的事儿，祖父母偶尔帮着照看一下孙辈尚可，少有全天候照看的。祖父母不肯失去自己的生活，年轻人也不愿意老人过多地参与到自己的生活中。

国外的人工很贵，找最便宜的住家保姆至少要两三万年薪，这都是税后的钱，换算成税前的收入，需要母亲年收入五万以上才刚够付给保姆的。送幼儿园的费用，一年要上万。如果有两个孩子的母亲出去做个年薪四、五万的工作，扣掉税和乱七八糟的费用，刚够付托保费的。美国的报税制度是家庭为单位的，收入越高税率越高，女的收入加在男的收入之上，可能就达到了高税率的界限，要多交很多税，算下来不如妈妈自己在家里带孩子合适，经济上没差多少，孩子则比上幼儿园享福得多。

美国的学校下午两点半到三点半就放学了，妈妈在家的孩子，可以吃上妈妈准备的点心，在家里做做功课，参加一些兴趣班。这些妈妈往往都到孩子学校去做义工，对孩子在学校各方面的情形都了如指掌，随时发现问题及时纠正解决。

美国的妈妈们选择留在家里，还和没有后顾之忧也有很大关系，美国法律会保障不外出工作的配偶的各种权益。

比如说养老金，不工作的配偶到了退休年龄照样可以领到，数额是工作配偶的一半。如果配偶的工资比较高，那么实际拿到的金额和自己出去工作挣的养老金差不太多。美国的上班族大多会买人寿保险，一旦发生意外，另一半及孩子以后的生活肯定有保障。如果夫妻离婚的话，丈夫除了支付孩子的赡养费之外，还要支付不工作配偶的赡养费，保证他们的生活水平不因离婚而下降。

很多妈妈选择留在家中陪着孩子一起成长，还因为婴幼儿时期是人生打基础最关键的黄金期，妈妈们想等到孩子形成了良好的行为习惯，在人生观、自信心、自我意识等方面都打下了基础以后再出去工作。

妈妈这样做，受益最大的是孩子。

美国图书馆的幼儿读书活动

美国的图书馆星罗棋布，在培养孩子读书兴趣方面起到了非常重要的作用。

美国每个市区每个镇都有自己的图书馆，由当地居民的税收供养，是社区最重要的组成之一。所有的图书馆里都设有儿童部，一般都占到了图书馆面积的近二分之一。

儿童部的图书依据年龄分为低龄幼儿图书、学龄前幼儿图书、小学生图书以及适合初高中孩子读的书等几个部分。

一岁到两岁的孩子还抓不稳书，凡是拿到手里的东西都要放到嘴里去尝一尝、磨磨牙，所以，适合这个年龄段的书的材料异于普通图书，一般都是硬纸板做的，也有用布料做的，还有适合孩子在浴盆里看的塑料书。从形式上说，很多书都会发声，讲动物的书每翻一页就有那种动物的叫声，讲车的书则会发出不同车的声音。有的书为专门训练孩子的触感，书里会夹印各种材料，比如讲到各种动物的尾巴，会用皮毛、皮革、羽毛等材料做尾巴，孩子摸了之后就有很切实的体会。

两岁以后孩子读的书，形式变化多样，比如有捉迷藏的书，每一页书上面还有小门，再翻开会出现图案或者问题的答案，既满足孩子的好奇心，又锻炼了手指的精细活动能力。有一套系列书，讲一个叫"Spot"的小黄狗的故事，是这类书的代表，孩子们都喜欢，几乎人人都看过。

从内容上说，充满了想象力的Dr. Seuss系列丛书是孩子们的最爱，其他和电视卡通人物相关的书籍孩子们也非常喜欢，像芝麻街里的人物，大红狗、贝贝熊等。

有一部分书教孩子们学习数字和字母，还有很多是教孩子去理解这个社会的组成以及基本规则，教孩子如何处理人际关系，比如如何和朋友相处，家里又有了小弟弟怎么办，怎么处理自己的情绪、教孩子如何去爱人，爱动物，爱这个世界。

图书馆中幼儿图书的书架中间设有很多小椅子、小桌子，沙发、台阶等，大人孩子找到一本好书可以一起坐下来读书。在这个区域最常见的情景就是孩子依偎在父母身旁，专注地听爸爸妈妈读书。

儿童区通常还会放几个架子，里面摆着各种拼图、大积木、玩偶甚至火车模型等玩具，另外还设有儿童专用计算机，里面装了各种学习游戏。这种设置的目的在于，希望孩子从小就愿意到图书馆里来，这里不仅有图书，还有各种有趣的玩具可以玩。

图书馆都定期为孩子们举办读书活动，有的图书馆天天都有，一般按年龄分组，有的一周一到两次，一次一个小时左右。

每个图书馆里都有一个多才多艺深谙儿童心理，又对儿童图书有深入了解的馆员，专门负责组织读书活动。他会挑选有趣的书籍读给孩子听、用小玩偶进行表演、用卡通人物讲故事，同时还教孩子念儿歌、唱歌、玩游戏、做手工……

这位馆员还负责给父母推荐图书，回答父母关于儿童阅读方面的问题，可以说是儿童读书方面的专家。

女儿三岁多时，我们住在西雅图，当地图书馆的幼儿读书活动在附近非常有名，一般图书馆的读书活动有十几个孩子参加，那个馆每次活动能吸引五六十个孩子。因为人太多了，活动被安排在大会议室里，一百多平方米的屋子里坐满了家长和孩子，从一岁到五岁的孩子都有。负责活动的馆员在前面讲书，她一会儿给自己戴上了奇形怪状的帽子，一会儿给自己戴上个面具，逗得孩子们哈哈大笑。她有个专用的小舞台，自己躲在后面，两只手各套一个卡通布偶，用不同的声音给布偶配音，表演小故事，惟妙惟肖。

她还会放上音乐，领着孩子们一起唱歌，边唱边跳，转圈起舞，家长们也都跟着孩子一起手舞足蹈，孩子们在蹦蹦跳跳中学会了数数、星期的说法、小动物的名字和叫声……记得最后一项活动是孩子们的最爱，家长们扯起一个巨大的五彩篷布，孩子们集中站在下面，篷布落下来，孩子们都藏在里面，篷布一抖起来，孩子们的笑脸都露了出来，家长们边转圈便跟着录音机唱歌，唱到某个地方就一起使劲抖起篷布，孩子们都兴奋地尖叫不已。

集体活动结束后，每个孩子都会领到一张和这天讲的某个故事有关的涂色纸进行涂色，或者家长帮着做一些简单的小手工，材料都由图书馆提供。孩子们完成作品后会得到馆员的盖章奖赏或者小礼物，非常有成就感。记得那时候图书馆的活动在周一和周四下午举行，女儿到时会主动提醒我，因为她实在是太喜欢了。

能够参加这种活动的父母往往是全职妈妈或者全职爸爸，家长们会在孩子们写写画画的时候趁机聊聊育儿经，互通一下各种信息，然后在图书馆中流连一番，拎着一大包借的图画书回去。

我们现在居住的地方有两个图书馆，也都有小孩的读书活动。其中的一个馆原来很小，读书活动要提前报名，限制人数。去年当地一个家族出资扩建图书馆，选新址盖了一座二层楼，今年刚刚落成，图书馆的名字因此改为他们家族已逝的两位老人的名字。现在的儿童部拥有十几台计算机，一个卡通火车头供孩子们捉迷藏，还有一个专门的读书活动区域，室内大落地窗旁修了几层台阶，孩子可以坐在上面听故事，读书活动按年龄分得很细，有宝宝组、幼儿组、学前组等，不用报名，可以自由参加。

儿子三猪一岁多的时候我就领他参加宝宝读书活动。大人孩子都坐在地上，为了吸引孩子的注意力，图书馆员头上戴着奇形怪状的帽子，讲的书都是特别简单易懂的，学各种动物的叫声、做喜怒哀乐各种表情，可那些孩子没有哪个是聚精会神听的，干什么的都有；满地爬的，啃手指头的，流口水的……大人也都不在乎，说儿歌时，父母把着孩子的小手和他一起做，唱歌时也都是大人在哼哼唧唧地唱，想来这个年龄的孩子参加读书活动是为了给孩子书香的熏陶。

到了他两岁的时候，参加图书馆的读书活动，唱歌、念儿歌、画画儿、随便看书就已经变成习惯了。

三猪上的幼儿园离这个图书馆很近，老师每个月都领四岁以上的孩子们到图书馆去，由负责读书活动的馆员给孩子们讲故事。她会选择很多有特点的而家长们不知道的书来讲，经过她声情并茂的读书表演。那些书往往会成为孩子们的最爱。

老师还让家长们给每个孩子都办了借书卡，统一存放在图书馆里，听完故事后，孩子们可以各自选一本喜欢的书去柜台办理借书手续，他们对书籍的兴趣，定期借书阅读习惯就在这些活动中建立起来了。

因为借书读书是孩子们生活内容中一个重要组成部分，所以很多美国人都养成了终生的阅读习惯。在各种场所，都可以看到手捧一本书阅读的人。

美国学校对于孩子选举意识的启蒙

在2012年美国大选前夕，配合美国总统选举的进程，儿子三猪所在的小学对孩子们进行了深入的选举意识和选举内容的学习培养。

三猪在上一年级，他们班选举的主题是"我们班的宠物"，老师把班上的学生分成了两组，一组推举"猫"做宠物，另一组推举"狗"做宠物。

两组的同学先私下讨论拟定辩论的提纲，各自举证猫或狗当宠物的优点；在老师的启发下，还从反面论证猫或狗当宠物的不利之处。

正式投票之前，两个组的同学分别上台阐述本方的观点，力争让对方的人改弦易辙，承认他们这一方的宠物比较好。

推选"猫"那组的孩子讲猫不用遛，不用捡猫屎，不用给它洗澡，猫会追线球玩；推选狗的小组讲狗可以看家，狗能陪着人散步跑步，狗可以追飞碟，狗可以给盲童导盲……

最后，他们每个人像真正选举的程序一样，填写了申请选举的表格，拿到了选举证，把它挂在胸前，然后领到了一张选票，仔细填好，排着队将自己的选票投到了选票箱里。

老师当着大家的面唱票，最后狗以一票的优势当选，成为了他们班的宠物。

这样的活动在当时看来只是热闹好玩，却潜移默化地把民主选举意识渗透到了孩子的思维方式之中。

有一天我们全家决定一起出去吃饭，但去哪里吃出现了分歧。我想去

"好运餐馆",女儿凯丽想去"快乐餐馆"。一旁的三猪大声说:"让我们投票表决吧!"他首先说自己也想去"快乐餐馆",然后又问爸爸和小州,他们俩都说无所谓,去哪个都行。

我还想着再说点什么影响一下小州和老公,可三猪已经大声宣布了:"投票结果是:一票去'好运餐馆',两票去'快乐餐馆',两票弃权。'快乐餐馆'胜出!现在我们去'快乐餐馆'吃饭!"

这么点小事他已经把选举程序用上了,可见美国学校对孩子选举意识的培养多么成功。美国总统选举的投票率很高,相信与他们从小接受的教育和熏陶有着极大的关系。

为什么我会成为一个好校长

三猪在一年级时曾拿回来一张封塑的纸，上面的大标题是"为什么我会成为一个好校长？"

原来学校和老师为了配合美国总统大选，从小训练孩子们参与国家管理和建设的精神，不过国家总统对于孩子们来说有点太遥远了，他们每天生活里接触到的最高权威就是学校的校长，所以老师让孩子们从最贴近他们生活的校长一职入手，练习主政。

于是老师就出了这样一个题目：为什么我会成为一个好校长？题目下面还有一小行注解：如果你成为了学校校长，你会怎么做，有什么举措能让学生们认为你是一个好校长？

三猪的就职纲领上面写着：

我会是一个好校长，因为我会取消音乐课和体育课，这两门课太无聊了，还让人疲劳。

哇，有理有据呢！

我拿着那张封塑纸问三猪："音乐课又学唱歌又跳舞，多么活泼有趣啊！怎么会无聊呢？"他回答说唱歌还可以，不过他不喜欢跳舞，尤其不喜欢边唱边跳，很蠢的感觉。

记得上一次我和老师见面，老师说起他上音乐课或者在班上唱歌时，别人都蹦蹦跳跳的，就他站在那儿光唱不动，有个女孩是他的好朋友，经常会拉着他的手牵着他一起跳，想来他是真的不喜欢一边唱歌一边跳舞。

我接着问："上体育课可以到室外去玩，为什么要取消呢？"他回答："别的活动还行，就是每次都要跑步，太累人了，上完体育课我就觉得一点力气都没有了，都没有力气去上后面的课了。我们每天午饭后可以到操场玩很久，不上体育课也可以的。"

我又问他："可是有很多孩子喜欢上这两门课啊，如果你把它们给取消了，那些喜欢这些课的孩子们该怎么办呢？"

"他们可以到有这两门课的学校去上学。"

一旦大权在握，就要把自己不喜欢的课程取消，让喜欢该课的孩子到其他地方去，这是不是独断专行啊？

想来六、七岁的孩子就是从自身感受评断外面的世界，如果可能，都是怎么对自己好怎么来，人性如此。骨子里成年人也是一样的，所以在民主社会，必须对权利进行监督。

我又问三猪别的孩子对于当个好校长都有什么好主意和办法，三猪记住了下面的几个：

有个小女孩说如果她当上了校长，她会在学校里的每个角落都摆上饼干和巧克力，学生们想什么时候吃就什么时候吃，想吃多少就吃多少。

这个孩子多么有创意啊！如果她的想法能够实施的话，她们学校一定是个超级吸引孩子们的地方，孩子们的肥胖率大概也要跟着节节上升。

还有个孩子说他成为一个好校长的理由在于：他会取消学校所有的课程，每天只上"课间活动"和"午餐"两门课：上午课间活动，中午吃饭，下午课间活动，然后放学回家。

这孩子比三猪还威猛，三猪只取消了两门课而已，他干脆全部取缔，把学校彻底变成了游乐场，还管饭。

另外一个孩子说他会是个好校长，因为他允许学生们每天都带自己的玩具到学校里来，大家轮流换着玩。

听着听着，让人不由自主地想起了《木偶奇遇记》里的欢乐岛了。

吃和玩是这个年龄段的孩子最重视的事情了，这在他们治理学校的理念中清晰地表达了出来。不过这个结论也许并不全面，因为这都是令三猪印象深刻的，其他的他说记不住了，估计那里面会有大人比较认可的，甚至有些真的能够去实施的方案也未可知。

三猪说他们把自己的想法写在纸上之后，每个人还轮流到讲台上面去陈述了一番。老师对孩子们的施政方案并没有去做谁的好或者谁的不好的评断，更没有标准答案，她为每个孩子鼓掌，随后把每个校长施政方案封塑，让孩子们带回家留念。

美国学校鼓励孩子们天马行空地想象，自由自在地表达，从这个小活动中充分地体现了出来。

教室墙外的作品

美国的小学一般在教室外面靠走廊的墙上贴该班孩子们的作品，有的是作文，有的是孩子们画的画，还有的贴的是孩子们的手工大作。

那天到我们这里的小学低年级部去办事，看到一个学前班的外面贴着孩子们的作文，老师出的题目是"暑假你要怎么过"。

大多数的孩子就写了一句话，大都是要去度假、去拜访爷爷奶奶、要去迪士尼等，很多孩子都把"度假"一词拼错了。有个孩子字写得巨大，一句话一共三个词，一行竟然没写下。还有个孩子一句话斜着写下来，三个单词占了四行。有不少孩子即兴在"文章"的下面画了画。

最有意思的是一个孩子满篇只写了一个"我"字，后面就都用画来表示了，第一幅是一辆汽车上面驾着自行车和行李；第二幅是大树中间搭的帐篷；第三幅是海边、海鸟和沙滩；第四幅是他穿着泳裤捧着沙滩皮球，看那意思他们家暑假要去海边野营。这孩子还没具备文字表达能力，但是很有画画的天赋。

老师把这些"原汁原味"的作文直接贴了出来，没有给孩子们做任何修改，让人看了觉得特别生动有趣，孩子们的稚气可爱跃然纸上。

一年级有个班的题目是"你的宠物是什么"。

大多数孩子的宠物是狗、猫和金鱼，一般孩子们只写一两句话，有个孩子写满了小半篇纸，说他家共有四条狗，每个人各有一条，还写了每条狗的名字和品种。最后还画了一幅画在下面：爸爸旁边蹲着个大狗，妈妈牵着个中等尺寸的狗，他抱着一个棕色的小狗，旁边妹妹抱着一个白色的小狗。这孩子文字表达能力超强。

有些宠物比较另类，有个孩子养了两只青蛙，有个孩子养乌龟，还有个孩子养小鸡，有个孩子养会说话的大鹦鹉，最让人印象深刻的是有个孩子的宠物是蜥蜴。

另外一个一年级的班，老师问的问题是"你的父母在家里干什么"。

说到母亲，大多数孩子都表示妈妈在家里做饭、搞卫生，有几个孩子只强调妈妈在家里做清洁，没有提妈妈做的其他的事情。有个小孩最夸张，连写三句"打扫卫生！打扫卫生！！打扫卫生！！！"

想起来最开始到老外朋友家里做客的时候，最有感触的就是她们家里的清洁程度，尤其是厨房和卫生间，真叫一尘不染，很疑惑她们是怎么做到的，从孩子们的眼中看出去，没有什么窍门，唯有多花时间勤打扫而已。

提到爸爸，孩子们的答案比较五花八门，有说爸爸看电视的、看报纸的、有说看电脑的、还有说爸爸修理东西的，有说爸爸在院子里干活……

其中有个孩子从名字上看是中国人，他的答案很有意思，他说"爸爸在家里做饭、做家务，妈妈就是逛街买东西。"

我留心看了一下，他们班上其他的孩子没有一个提到自己的父亲在家里做饭，不知那些老外妈妈们看了之后会不会羡慕这位中国妈妈！

美国父母重视管教孩子的行为和礼貌

因为我写了很多美国父母尊重孩子的故事，有读者产生了美国人对子女管教很松，给孩子很多自由的感觉，进而得出结论：尊重孩子、接纳孩子就是孩子想干什么就干什么，不管孩子，放任自流。

事实上美国人对孩子的尊重体现在尊重孩子的个性发展以及他们独立人格的存在，不去试图掌控孩子的未来，尊重他们自己对于生活的选择，但是他们对子女在品行、纪律性和礼貌上的管教非常严格。从生活细节上入手，像要求孩子必须按时睡觉、按时吃饭，分担家务、自己的事情自己做，不能和父母顶嘴、遵守家庭规矩等。当孩子做错了事的时候，父母会严厉地批评教育。如果用一句话概括，就是他们尊重的是虚的看不见的意识形态的东西，管的是看得到的行为。

我以前写过一个故事，邻居的四五岁的小孩从我家邮箱中把另外一个邻居付给我儿子的割草钱拿走了。他妈妈发现后，领着他上门还钱道歉。那孩子当时眼睛哭得红肿，显然被他妈在家里教训得不轻。他妈妈一定让他亲口对我们说对不起才行。前些日子，他家十三岁的大儿子，和在我家学中文的美国男孩闹着玩，拽他的书包，男孩有点恼了，我在家门口看到，就把男孩喊了回来。邻居妈妈回来后，小儿子向她告状，说哥哥今天欺负人了，邻居妈妈马上到我家敲门，问我知不知道今天发生的事情，我说我看到了，一点小冲突而已。那位妈说，我一会儿让大儿子来给那个男孩道歉，希望你允许，我说没问题。

一会儿，那个大男孩过来敲门，向我家的学生郑重道了歉。

他们几个男孩子在一起玩，一个拽了另一个的书包不撒手，并没有肢体冲突，被拽的男孩也觉得没有什么大不了的，邻居妈妈是不是有点小题大做？

她说，孩子行为规范是最重要的，无论如何，不尊重别人的行为都不被允许。再说他是当大哥的，是两个弟弟的表率，他这样没有轻重地对待别人，弟弟也会跟着他学。

这个大男孩从小就上天才班，学习好不说，在家里一直帮着父母照看两个弟弟，夏天帮爸爸割草，收拾树叶，冬天给车道人行道铲雪，很勤快懂事的孩子，球打得也很棒，可谓品学兼优，这和他父母的教养方式是分不开的。

我们另外一家邻居的女儿和我女儿凯丽是好朋友，每个周末两个人都要凑到一起玩。两个女孩在谁家玩，中午一般就在谁家吃饭。即使已成惯例，到了吃饭的时间，女孩的妈妈肯定要给我打个电话，问一下我是否允许凯丽在她家里吃饭。后来凯丽大了一些后，她自己会打电话回来问。而女孩在我们家吃饭，我也会让她打电话回去问一声。

父母遵守规则，孩子自然也会同样处理问题，这两个女孩无论做什么，都会跟父母打招呼，要玩多久，在哪里玩等。

有一次这个女孩过生日，那年她不办生日聚会，我给她买了礼物，和凯丽一起到她家送给她。当时他们家三口一起出来跟我们寒暄，我把礼物递给女孩的时候，她家的狗在她脚底下窜来窜去，女孩一边低头拍狗，想让它安静下来，一边接过礼物，嘴里说了声谢谢。

这时女孩爸爸的声音就变得比较严厉了，对女儿说："米歇尔，请你看着陈太太说谢谢。"女孩有点不好意思，马上直起腰来，看着我的眼睛清清楚楚地又说了声谢谢。

我当时很有感触，就觉得老外教孩子礼貌教得真是够仔细，够严格，当面纠正，毫不留情。不过虽然口气严厉，爸爸依然用了"请"字，他在教导孩子的同时依然对孩子表达了尊重的态度。

有一次参加一个团体活动，有很多人，大人搞活动的时候，十几个不同年龄的小孩都在活动室里玩玩具。当时小儿子三猪还小，我就在活动室里陪着他。吃饭的时间到了，大人们都过来喊孩子。就见那些中国孩子把手里的玩具一扔跳起来就跑出去了，而老外的孩子个个都先把自己手里的玩具放回原来的地方，再把地下其他的玩具收拾到盒子里，有的妈妈也进来帮着孩子一起收拾。很快，地上变得干干净净整整齐齐的了，大人和孩子们才一起离开。

那些中国孩子很多我都认识，在学校里都是学习尖子，可是一些基本的规矩素养却还是有待培养。

有一年我们这里的华人在中餐馆里庆祝春节，舞台上大屏幕放的是当年的春节晚会的录像。大家边吃边看，笑声不断。一些孩子吃完饭后，就开始乱跑起来，在餐桌之间跑来跑去还不过瘾，有一个胆大的跳上了舞台，蹦了一圈跳了下来，没有人出来制止。别的孩子随后也都跟着往舞台上爬，七、八个孩子一起在上面又跑又跳。录像是通过手提电脑接在大屏幕上放出来的，舞台上有很多电线，电线连着电脑，如果孩子绊着了，电脑要摔坏了不说，孩子也有危险，可是没有哪个父母出来制止孩子。

我看到一个熟人，是个美国人，娶了个中国媳妇，他抱着孩子站在舞台边上，孩子指着台上，努力要挣脱他也想上去跳，这个爸爸使劲抱住女儿，坚决不让女儿上去，孩子最后大声哭出来了，爸爸却扭身强行把她给抱到外面去了。

和美国家庭的小孩接触过，就觉得他们非常有礼貌，在公共场所特别有规矩，见到长辈一定会落落大方地介绍自己，问好打招呼。

我没有贬低中国孩子的意思，中国孩子也有温雅有礼的，美国孩子也有偷东西吸毒的，只是总体而言，美国父母很注重行为礼貌的训导，他们不觉得课外多学一点文化知识或者弹钢琴是多么重要的事情。而中国父母更着重孩子的学习成绩，所以总体而言，中国孩子的在校成绩普遍都好，参加各种竞赛的比例高，但是，美国孩子普遍有礼貌懂规矩，进退有度，显得教养很好，情商很高。

这是由于家庭教育的侧重点不同而形成的结果。

言出必行的美国妈妈

我们给孩子立规矩，最难的部分在于怎么能够严格执行，往往出自各种原因，心一软，规矩就形同虚设了。比如和孩子说好了到商场去不买零食，结果孩子看到了某个新奇的零食就开始哭闹不休，为了不让自己承受在大庭广众之下的尴尬，我们会选择妥协，给孩子买了。这样做的结果就是以后无论在家里怎么事先做好思想工作，孩子到了商场依旧还是闹着买东西。

在小儿子三猪小时候，我领他在儿童游乐场玩，见识到一个美国妈妈处理类似事情。

那是一个社区公园的小游乐场，有各种攀爬装备还有滑梯、秋千等，当时一共有五、六个孩子在玩，几个妈妈闲散地站在边上看着。一个三、四岁的白人小男孩在反复地玩滑梯，中间一次他从滑梯下面爬起来跑回楼梯准备快速冲上去的时候，前面有个小孩在慢慢悠悠一级一级地往上走，挡住了他的路。他嫌前面的孩子走得太慢，打乱了他的节奏，伸手推了前面孩子一下，想从他旁边挤过去。

那个孩子扭过头冲他大声喊道："不要推我！"

大家都看向他们，推人的男孩妈妈马上走过去教育了自己儿子一番，让他向对方道歉，并警告他如果他再动手推人就不能继续在游乐场里玩了。

过了一会儿，那孩子跑回来上楼梯，又被前面的孩子堵住了，他又伸手推了一下。这时他妈妈过去对他说："××，你不能推人，明不明白？因为你又推人了，所以你不能再玩下去了，现在我们就回家！"那孩子赖在那儿不肯走，妈妈二话没说拎起他背带裤上面的带子，把他夹在腰上转身就往停车场走去。

孩子杀猪一样地大声哭叫，一路蹬着腿嚎叫挣扎着被妈妈推进车里绑上安全带离开了。

这可真是言出必行啊！

当我们对孩子说出："你再怎么样就会怎么样"之后，有多少人会真的兑现呢？

相信那个美国孩子在他妈妈如此教育之下，一定会克服动手推人的毛病的，因为他知道他犯了规肯定就玩不成了。不仅是他，当时在场的其他孩子也深受震撼，真真是"杀鸡给猴看"了。记得三猪愣在那儿看着那个孩子哭喊着被拖走，好一会儿没动弹。

他后来从来不对其他小朋友动手动脚的，不知是不是那日受教育之功。

父亲和儿子谁该做心理治疗

在美国的育儿杂志上看到一个故事，讲有个刚进入青春期的儿子和父亲对抗得很厉害，到最后他采用不理睬父亲的办法来反抗，在家里一声不吭，任凭父亲软语相求也好，厉声训斥也好就是一言不发，父亲要他做的事是坚决不干。父亲自己实在没有办法教育这个儿子了，就领着儿子去见心理治疗师。

父亲在向治疗师叙述儿子症状的时候，儿子把头扭向一边，漠然地坐着，依旧不吭声，无论父亲怎么命令他和治疗师讲话，他都置若罔闻，拒不开口。

治疗师就请父亲先回避一下，他要和孩子单独谈谈。

等到他们谈完，父亲再一次进来的时候，治疗师对他说："你今天到这里来真是太英明正确了，否则孩子就要毁了，下星期请你继续来吧。"

父亲没有听懂，问道："下星期还是我领着儿子来吗？"

咨询师回答："不是，是你自己来，你儿子没有问题，他不需要治疗，有问题的是你，你要接着来。"

原来，这个父亲在高中和大学的时候都参加了学校篮球队，但是大多数情况下都是板凳队员，为此他一直耿耿于怀。儿子三岁的时候，他就开始训练儿子打篮球，想要把自己在篮球上未酬的壮志让儿子替他实现了。他请来当地最好的私人教练教儿子，每天给孩子灌输的理念都是你以后一定可以打进NBA，一定可以成为像迈克尔·乔丹那样的一流球星，你的收入也会是上千万一年，你会举世闻名……

孩子的业余时间几乎都是和篮球一起度过。小时候儿子还听话，认真跟着教练跟着父亲练球，后来越大越不喜欢了，无论父亲怎么费尽口舌他就是不好好练，虽然他十二岁时身高就已经一米八，每个教练都说他是一块璞玉，但是他让爸爸给逼的对篮球没有一点兴趣，再也不想碰篮球了。

最后，父子俩不断对抗的结果就是孩子对于父亲的话一律充耳不闻，彻底放弃篮球，不玩了。

是不是很多人都会觉得是这个儿子需要好好教育，有多少人会认为是父亲不对呢？

心理治疗师却认为，孩子之所以采用了不正常的态度对待父亲，根本原因在于父亲对待孩子的方式是错误的，他们是作用力与反作用力的关系。如果把父亲的作用力撤了，孩子就会恢复常态。父亲自己心理潜藏了多年的旧伤没有得到医治，强迫孩子、控制孩子都是他心理失常的表现。

这个父亲接受了心理治疗师的多次治疗之后，又被推荐去咨询治疗的侧重点不同的其他心理治疗师，最后终于把自己的篮球情结解开了，认识到把自己的人生理想强加给孩子是多么错误的一件事，孩子有自己的喜好，有自己的人生，应该放手让孩子自己去选择。

这个父亲不仅不再逼孩子打篮球了，还学会了和孩子正确的沟通方式，父子关系逐渐变得亲密起来。

那孩子对表演很感兴趣，高中毕业后到好莱坞去当了一名演员，他爸爸希望他举世闻名的愿望，他正在以另一种方式实现。

妈妈送给初中生女儿的圣诞礼物

女儿凯丽上初中后，我参加了初中的"家长老师联合会"（PTO）。开学初，PTO组织的第一项大型活动是"图书展销"，学校在一间大教室开辟了一个临时的书店，卖各类畅销书和初中生喜欢的小文具、贴画等，所有的东西都由一家著名的青少年读物出版社提供，包括收银机。

有一次两台收银机在午休时同时出现了问题，买完书的孩子们着急付款好回去上课。义工组长一边握着电话和出版商联系进行技术咨询，一边让我们口算收款，两个人守一台收银机，和我同组的妈妈看我自己能算明白，就去帮旁边那两个妈妈了。她们三个人用纸笔进行加减运算，忙得满头大汗，$2.99+$1.99这种题，我们自然就会用三加二再减去二分钱算出结果，孩子给了五块钱，找两分钱就行了。她们老老实实地摆算式算，又累又慢。最后我的销售额是她们的三倍还多。当时就想，有人讲中国孩子进行大量的口算心算练习没有用，我这不就是用上了嘛。只是现在都是计算机时代，这样能用上心算速算的机会少之又少了，和我们曾经投入的时间精力比，实在是得不偿失。

卖书所得中有很大的一个比例留给了PTO，PTO通常会把这笔钱赠送给学校的图书馆。去年，图书馆用这笔钱购置了一个高端的摄影设备。

图书馆员也会来书展为图书馆购书，羊毛出在羊身上。义工妈妈们会趁机和图书馆员一起讨论本年度热卖的书还有推荐书单，从中可以得到很多有益的图书信息。

忙中偷闲，大家也会为自己挑选几本书。

和我同组的那个妈妈说，我要给女儿买本书当做今年的圣诞礼物，然后，我看到她选了一本厚厚的教年轻女孩化妆的书。她女儿刚上七年级，才十二岁。

我记得自己上初中的时候，老师天天强调女同学都要把注意力都放在学习上，还说到了初中和高中，女生的学习成绩普遍会下降，就是因为思想变得复杂了、不健康了云云。学校和家长对即将要进入青春期的孩子，是严格监管、草木皆兵，生怕孩子想入非非而步入歧途，影响了学习。

可是眼前的这个美国妈妈不仅不怕孩子思想变得"复杂"，还要帮助孩子变"复杂"！

我问她："教初中生的女儿穿衣打扮、化妆，会不会有点太早呢?"她回答说："不早，正是时候。这个年龄的女孩，对于自己的形象最敏感了，孩子经常会谈起谁在学校里有人缘，谁受欢迎，那些受欢迎的孩子都是打扮得体、自信、阳光大方的。让孩子学会基本的穿衣化妆技巧，对于她的自信和自我肯定非常重要。"她还说："这个时期如果孩子不自信，会影响她以后的自我评价，对发展社交能力、和男孩约会都非常不利。爱美、会美，是女孩子必修的一课。"

谈话中她没有提到一次学习成绩，而是不断强调孩子的社交能力的重要性。管中窥豹，从这件小事中可以看出中美父母在孩子成长中所关注的不同的侧重点。

美国人也讲"穷养儿子富养女"

朋友的女儿在大学谈了一个男朋友，男孩是美国人，他的父母都属于工薪阶层，不过薪水都属于比较高的。父母很重视孩子的教育，男孩和妹妹两个人从小到大一直上的是私立学校。美国的公立学校是免费的，家长连书本费都不用出，而私立学校学费几万美元一年，从学前班到高中毕业，一个孩子的费用要二三十万以上。

男孩上大学的时候，父母郑重其事地和儿子谈话，告诉他："你已经十八岁了，我们对你的养育义务到此结束。以后你的生活，包括大学学费都要自己想办法解决。"

于是，这个孩子用贷款支付大学学费，假期和平时课余时间就去打工挣生活费，连建筑工地的活都去干过。有一次生病，连续几天发高烧，口袋里空空如也，连买面包的钱都没有了，跟女朋友借了点钱买药买食物。女朋友看不下去了，说你跟父母说一声嘛，他说这点小事跟他们有什么好说的，别让他们担心了。病一好他又马上去打工了。

此时他妹妹正在上高中，他的父母领着女儿，经常去参加高级会所的活动，到最著名的品牌店去买衣服、买首饰，假期到欧洲各地去旅游，去最好的餐馆吃饭……

看这家父母对待两个孩子的不同态度，真正应了中国的那句名言：穷养儿子富养女。

他们从小让儿子受最好的教育，给他打下良好的基础，等到上大学时放手让他自己闯荡，孩子经过四年大学生活的磨炼，锻炼了适应社会问题、工作问题的能力。而对女儿，也让她接受最好的教育，但同时让她见世面，见识那些奢华的东西，以后到了大场面也会宛如平常，更不会为了一点物质的东西动摇自己做人的根本。

再富也不能富孩子

美国有个电视节目，叫百万房产经纪（Million Dollar Listing），讲的是三个洛杉矶的房地产经纪人买卖房屋的真人真事，他们几个人代理的房子基本上都是百万以上的豪宅。

其中有个小伙子叫兆西，十分聪明能干却没有上大学，在高中毕业后直接就做了房地产经纪人。他不去上大学并不是因为考不上，而是希望早点进入社会大学学习，他这么做是受了他奶奶艾迪斯的影响。

艾迪斯是犹太人，第二次世界大战时丈夫死在纳粹的奥斯维辛集中营里，她自己带着孩子东躲西藏，时时挣扎在生死线上。战后她身上只带着几块钱辗转从欧洲来到了美国，白手起家，一点一点地建立起了自己的商业王国，成为了一名亿万富翁。艾迪斯在孙子面临人生选择的时候，并没有直接把财产送给他享受，而是让他去自谋生路。

她对采访的记者说："我不会给兆西和其他儿孙留什么遗产，但是会在活着的时候为他们的事业提供力所能及的帮助。"

兆西的理想就是像奶奶那样白手起家，他决定从经纪人这一行入手去掘人生的第一桶金。当他把这个决定告诉奶奶时，艾迪斯告诉他："你想成为什么样的人，就要在心态上和他们一样，像他们一样为人处世。"所以兆西刚进入经纪人这一行还一穷二白的时候，态度上就好像自己已经是一个百万级的经纪人。他像成功人士那样待人接物，严于律己宽以待人，言出必行。二十五岁时，他靠自己的打拼真正成为了一名百万富翁。

每当兆西在事业上陷入低谷的时候，或者个人生活遇到解不开的难题时，他就会去奶奶那儿坐坐，和奶奶聊聊天。艾迪斯经常是讲个故事给他些启发，或者提供一些中肯的建议，兆西每次都能从奶奶那儿找到解决问题的办法，找回信心。

艾迪斯给孙子的帮助是在精神上、在人生经验上、在"道"上，而不是在金钱上或者具体的"术"上。智慧如她深知"授人以鱼，不如授人以渔"的道理。

很多美国富翁都像艾迪斯一样，有意识地不把巨额财富留给后代。石油大王约翰·洛克菲勒认为，给孩子大笔财富，却不给他人生目的，等于剥夺了孩子奋斗的机会，也就是剥夺了他的命运，这对于孩子是非常残酷的事情。他的两个孙子，从小就做家务赚钱：劈火炉用的木头，捉苍蝇、粉刷栅栏……小孙子劳伦斯七岁时就给全家人擦皮鞋，擦一双皮鞋可以赚两分钱，长筒靴每双可赚一角钱。一个多世纪之后，家族的子孙们依然在各个行业做得风生水起，创造着大量财富，他们还在不断地建立各种基金，投资大学、医院、环保事业，造福于社会。他们之所以能打破中国人"富不过三代"的规律，是因为他们不给孩子财富，而是给孩子机会自己奋斗，体验努力后取得成功的幸福。

另一个隐名埋姓的慈善家——查克·菲尼，他创建的"大西洋慈善基金会"，已经捐赠了超过四十亿美元的基金在世界各地的教育医疗事业上：美国的康奈尔大学接受了他近六亿美金的捐助，加州大学接受过一亿多，他投入十亿美元改建了七所爱尔兰的大学；他为控制非洲的瘟疫投入了上亿美元的资金……而他自己在吃穿用度上非常节俭，在旧金山租住着很小的公寓，出入只坐公交车……

他要求所有的慈善活动都隐瞒他的名字，不让受益人知道是谁捐赠的，直到他的公司被其他公司收购，公众才发现菲尼先生已经将公司的股份全部转移给了"大西洋慈善基金会"。2012年该基金会拥有超过四十亿美金的资产等待发放到需要的地方，菲尼依然要求不能把他的名字与任何捐赠项目连在一起。

他的名言是：裹尸袋上没有口袋。意思是说去另一个世界不需要带着这个世界的钱。菲尼有五个孩子，都自食其力，他明确表示不会把财产留给儿女；他认为：财富应该用来做有意义的事，留给下一代只会给他们制造麻烦。

他的儿女们还在读书时，假期都要到加油站、餐馆和超级市场里打工挣零花钱。他们对父亲匿名做慈善事业也都赞成。他们说："父亲这样做，接受捐助的人不会特殊对待我们"，"父亲的做法使得我们得以像普通人一样生活"。

这些欧美世界级的巨富对待财富的态度惊人的一致，都认为留巨额财产给孩子不是爱孩子，而是害了孩子。

相反，在石油富国科威特，富裕的父母经常把法拉利跑车这样的奢侈礼物送给十几岁的子女当礼物，结果这些孩子毫无顾忌地超速驾驶，造成了大量的交通伤亡事故。科威特人甚至把某些交通区域划分为"自杀区""死亡区"和"较少死亡区"。

国内的富二代们飙车出事的比例也挺高，是不是因为当他们用金钱再也买不来所需要的刺激时候，就用极端的手段寻求人生的刺激和成就感呢？

民国时期的王凤仪先生说：老人怕子女受罪、多置房产地业，预备够下辈人生活的，这样的老人，不是慈爱子孙，正是欺负子孙。他以为子孙不能谋生，无力吃饭。子孙们什么经验也没有，只能吃喝玩乐，到后来真落到没有饭吃不能生活了！这样的儿孙，可怜不可怜呢？

让子女做现成的富翁，让孩子们只会享受，没有机会去经历属于他自己的成功与失败，实际上剥夺了孩子奋斗的乐趣，孩子得不到通过成就一件事情而带来的自我肯定，这可能是很多爱孩子的父母没有意识到的。

父母要重视孩子的自我保护教育

女儿凯丽六岁的时候我带她回国，她最喜欢坐公共汽车，一开始就喜欢站着，因为在美国坐校车是不允许站着的。后来发现上车后会有人给她让座，她感觉自己很受重视，就愿意坐着了。有一天车上人很多，我推着她站到窗前，让她握住椅子背站稳了。我们身前坐着一个中年男人，看到凯丽站在身边有点不好意思，就伸手对凯丽说："来，坐到叔叔腿上吧，叔叔抱着你。"

凯丽有点吃惊地看着他，明白过来他的意思之后，使劲地摇头。那人还是很热情地朝她伸出手："没关系，来，让叔叔抱着你。"

凯丽往后退了退，抓住我的手，再次摇头拒绝："不要，我不要你抱。"

我接过话头对他说："谢谢你，她挺大的了，可以站着，我们只坐两站就下车。"

这件事上可以看出中美两国在性别教育上的巨大差异。我们中国人的观念还很淳朴，一个成年男性抱抱小女孩并不觉得有什么不妥，他想抱着凯丽是怕人多挤着孩子，一片父母心。而在美国，从孩子上幼儿园开始，老师就教育孩子男女有别，孩子五岁以后，洗澡的时候异性父母就不能在旁边了；除了医生之外，不能让别人触碰自己的身体，更不能让任何人碰触自己身体的隐秘处……一旦发生这样的事情，不管对方是谁都要告诉老师或者直接报警。

小女孩从小一直受到这样的教育，除了礼节性的拥抱之外，她们对和异性身体上的其他接触都是很敏感也很排斥的。

多年前在美国曾经发生过一起十分轰动的事件，一个老师在课堂上讲到孩子们的自我保护问题时，问孩子们是否有人碰触自己身体私处，有个八岁的华裔女孩举手说自己的爸爸碰了。老师向她详细了解情况之后，将事情报告给了校长，校长又报了警。警察来到女孩家，那个父亲（是继父）英文不好，和警察起冲突被当场击毙。事后据母亲讲，女孩小便处有感染，爸爸每天为她上药，没想到竟因此引来了杀身之祸。

在美国，即使是亲生父亲也不能给五岁以上的女孩的私处上药，瓜田李下，说不清楚。也许有人会说，自己父亲有什么好防备的？可是世界各地都发生过亲生父亲强奸女儿的案例，还有把女儿关起来多少年和女儿生小孩的，尽管是极个别的案例，可是谁的头上也没贴着标签，哪个女孩遇到了禽兽父亲，那就是百分之一百的灾难。为了保护女孩们，只有在法律上一视同仁，防患于未然。

据权威机构统计，全球未成年幼女被性侵的比例是百分之二十，也就是说，平均下来每五个小女孩中就有一个小时候被性侵犯过。中国的小女孩们被性侵的比例不知是否达到这么高，但是被成年男人猥亵的比例是要超过五分之一的。记得有一次我们七个女朋友在一起聊天时说起了这个话题，竟然有四个人小时候遇到过来自亲友、邻居等长辈男性的猥亵或试图猥亵，发生的概率超过了在场的人的一半。小女孩遇到这种情况大都不知所措，不敢告诉父母。而有的父母即使知情也都采取了隐忍不张扬的态度。

有女孩的父母，尤其是母亲，一定要在这方面花点心思，从孩子懂事起就向她慢慢渗透有关自身安全的知识：不要让其他人触摸自己的身体；如果有人试图搂住自己，或者把手伸到自己身上隐蔽的地方，要大声喊叫并使劲挣脱；不要在妈妈不知道的情况下跟"哥哥、叔叔、伯伯、爷爷"

到另外一个地方去，发生了任何心里觉得不对劲的事儿，无论对方是谁，即使是校长、老师、爷爷、爸爸、表哥、堂哥……都一定要让妈妈知道。

男孩被侵犯的比例远低于女孩，因此更容易被忽视。父母需要在男孩洗澡、做健康检查等适当的时候对他进行自我保护教育。

最最重要的是，父母平时要给予孩子足够的尊重和接纳，建立起彼此信任和密切的亲子关系，使孩子无论在外面发生了什么事都会毫无顾虑地告诉父母，而且孩子因为自信和自爱，他人也不敢轻易下手欺负，这是父母平时最需要下功夫的地方。

中国的学校不仅不对孩子提供自我保护的教育，而且许多犯罪行为就发生在学校，因此做父母的一定要在家里补上这一课。

小学重在建立孩子做人的基本框架

朋友的父母从国内到美国探亲，看到上小学三年级的孙子德智体全面发展，满心欢喜，孩子在学校做了很多手工还有绘画，奶奶看了赞不绝口。她在和国内的女儿及外孙视频聊天时提起了这事，告诉他们："我孙子真是有才，那画儿画的真叫好。"

外孙在国内也上小学三年级，听姥姥不住口地夸表弟，就说："姥姥你拿来给我们看看到底有多好。"奶奶把孙子的画作拿到了镜头前，外孙发出一声怪叫说："哎呀，这就叫有才啊？姥姥，我都无语了!"

老太太又拿来一个手工，外孙再一次大叫起来："姥姥啊，您这都什么眼光啊，我都要去撞墙了!"

奶奶在聚会时当笑话讲给朋友们听，大家在笑过之后讨论起来，都觉得这件事如果反过来，在美国的孙子绝对不会用这种方式去评价表兄的作品。这个反应与两个孩子的性格无关，而是因为他们接受的是不同的小学教育。

在美国，从幼儿园起老师就教孩子要与人为善，要鼓励赞赏别人，要有同情心，要让别人感觉好。你如果对人说不出鼓励的、正面的话，那就什么都不要说。

有个笑话说在美国 "good means bad"（好就意味着不好），如果美国人评价你的工作是 "good"（好），那意思就是你做得很一般，甚至是不怎么样，因为他们不说不好。假如他们说 "Awesome" "Fantastic!" "Excellent!" 才表达的是做得不错的意思。

我在儿子的幼儿园做义工时看到一个小孩说另一个小孩的手工"很丑"，当即被老师批评了，那孩子辩解说自己实话实说，不想说谎，老师严厉地教育她：如果你的实话伤害了别人的自尊心，那就免开尊口。这还不算完，老师在下午家长来接孩子时特意告诉了家长这件事，让她回去注意教育孩子说话的方式，注意维护别人的自尊心，不能说伤害别人感情的话。

一个中国妈妈在论坛上讲起她儿子刚到美国时的故事。那时孩子只会说几句简单的英语，上课听不懂，在学校里呆头呆脑的，妈妈非常担心他适应不了，受人欺负。有一天她带儿子去小区公园，看见一群孩子们在那儿玩，其中一个小男孩看见他们，跑了过来大声地喊她儿子的名字跟他们打招呼。儿子告诉妈妈这个男孩是他的同学。妈妈对男孩说："××刚从中国来，不会说英语，请你多多帮助他。"小男孩认真地对妈妈说："××很棒，他的英语进步很快，真的！我们体育课赛跑，他是第一名呢。还有，他的数学很厉害，做得又快又准确。"妈妈说，那时候儿子根本看不懂有文字的数学题，只会做算式，有了答案也不会说，老师只能让他到黑板上写出来答案。体育课，大家跑他也跟着跑而已，可在小男孩嘴里儿子却是那么棒。小男孩邀请儿子和他们一起玩，他们在玩捉迷藏，当同伴喊"跑"的时候，大家就要快跑开藏起来。小男孩怕中国孩子听不懂英文"跑"这个词，问中文的"跑"怎么说，妈妈告诉他是"快跑！"，小男孩转过身去教会了所有的孩子说"快跑"。妈妈坐在台阶上，看着孩子们玩，听见一阵阵"快跑，快跑！"的喊声传来，心里有说不出的感动。这样一个普通的小男孩，能够看见一个初来乍到的呆头呆脑的同学的优点，能够这样鼓励他人，为他人着想；这一群孩子，为了一个不懂英语的同伴，用另一种语言来玩游戏，他们一定受到过很好的人文精神的教育和熏陶。

我在美国小学初中都做过义工，看到美国的老师对待学生从来都是用正面的话去鼓励，永远不会拿一个孩子去跟其他孩子比较。小学一年级时，我做义工的班上有个弱智孩子，1+1=2 学了一周了才学会，老师让他到黑板上写下算式和答案，跟同学说，××从不会计算，现在会做1+1=2了，他是今天班上进步最大的人，我们大家给他鼓励一下！全班同学都为他鼓掌欢呼，那个孩子咧着大嘴乐，举着两只手使劲扭腰摆臀像个明星一样在讲台上跳起舞来。

很多人说美国的小学学的东西很浅显，孩子的基础知识不牢固。其实美国小学的教学重点并不在"知识"上，而是重在教孩子做人的基本原则上，在小学的几年里逐渐搭起了孩子为人处世、认识世界的框架。这包括怎么与其他人相处、与人合作，最基本的生活常识、对自然的认识、对世界的认识、对生活的认识、对自我的认识和肯定、如何遵守社会规范……大多是最基本、最简单的却很难在成年后再去培养的东西。比如自我肯定、自我认同感，一个人在成年之后，就很难改变对自己的认知了。还有像合作精神，爱心、独立精神等，这些都会对人的一生产生重大的影响。

中国古时的教育也重视这些，孔子讲教孩子要"首孝悌 次谨信 泛爱众 而亲仁　有余力 则学文"，说先要孝顺父母，兄弟友爱，其次要谨慎做人，讲信用，然后对他人有爱心，向有仁德的人学习，如果还有多余的时间精力，那么可以去学习六艺等才能和文化知识。品德教育是主要的、必需的，文化知识是在有余力的情况下才去学的。现在的教育把这些精华都摒弃了，重点全放在了学习知识上，本末倒置了。知识日新月异，真正决定孩子的未来的不是他掌握了多少知识，而是他如何认识自己、如何处世、如何做人。

国内的学校鼓励孩子们竞争，学习成绩要排名次，对同学之间的彼此尊重、看他人长处，鼓励赞赏别人的教育相对较少，做父母的要在家里适时补上学校教育的不足，学校已经对学业抓得很紧了，父母就不用再盯着孩子的学习，把学校不教的对孩子又特别重要的一些做人道理，一些最基本的做人准则，在家里教给孩子。

父母如何帮助孩子写作业
——美国小学校长的建议

三猪今年上二年级了，新学年伊始，学校校长给父母们发来了一封关于如何帮助孩子做作业的邮件，我将之翻译如下：

让写作业变成一个愉快的过程

1. 父母要帮助孩子完成作业，并给予赞扬。

2. 随时提供帮助，却不能越俎代庖。

3. 让孩子自己选择时间、地点和如何去做作业。

4. 鼓励孩子把作业做好，让他因此产生成就感，产生自己能够驾驭学习进度和能力水平的感觉。

5. 保持愉快的和提供帮助的态度：避免批评和发怒。

6. 帮助孩子挖掘自己所喜欢的作业类型，鼓励他们选择相应的作业。在可以选择的情况下，有些学生喜欢书面报告，有些学生喜欢手工项目。

7. 根据孩子的喜好确定写作业的时间表，有的孩子喜欢最先完成他们最不喜欢的作业，有的孩子喜欢先写他们最喜欢或者最容易做的科目。

8. 如果孩子不喜欢某一科目，设法找到一些办法来减轻孩子的烦躁。比如做五道数学题就起来伸展几下身体，或者听听音乐、玩玩喜欢的游戏和玩具。

9. 鼓励孩子与朋友组成学习小组学习。研究显示，在学习小组中学习的孩子比总是单独学习的孩子成绩好，这一点对初高中的学生尤其有效。

10. 鼓励孩子在完成作业后进行有趣的活动。比如可以吃点心、给朋友打电话、玩喜欢的电脑游戏、或者看他喜欢的电视节目。

11. 永远也不要把写作业当做惩罚手段。

12. 成为一个好的聆听者，鼓励孩子对疑难问题进行提问。

13. 给孩子留出时间和你分享他所学到的知识和感悟。

14. 用和蔼的态度提问相关问题来帮助孩子准备考试，开车上学的路上是进行这项活动的很好时机。

15. 让孩子想象自己是个优秀的学生，然后找出使之成为现实的办法。

我个人体会，父母帮助孩子做作业有三种境界：

第一种：父母帮助孩子，使做作业成为一个很愉快的过程。孩子通过和父母的互动，对课业的理解加深，学习能力逐渐增强，和父母的感情增进，彼此更加了解信赖。

第二种：父母不管孩子的作业，孩子一开始可能会因为缺乏帮助出现各种各样的问题，但是假以时日孩子能够实现学业上的自我管理。

第三种：父母努力想帮孩子，却把做作业变成了一个痛苦的过程，大人气急败坏，孩子哭鼻抹泪，最终孩子一想起做作业就心生抗拒，学习兴趣渐失，最后很可能破罐子破摔。

第三种父母，管还不如不管，其愿望是美好的，结果却很残酷。如果发现自己做不成第一种父母，孩子做作业就鬼哭狼嚎的，那么就做第二种父母好了，自己起不了好作用，至少不去起坏作用。

我最开始对我家老大，是第三种父母，很快就发现这样下去不行，遂改做了第二种父母。后来对老二的学习也采用了放任自流的态度。老大老二成绩越来越好，对学习都很有兴趣。老二现在上高中，学校里选课参加俱乐部等事情一点儿都不用我操心。对老三三猪，我终于勉强可以做到第一种父母了，现在三猪对做作业充满了兴趣，每天回来第一件事就是写作业，对知识充满了探索精神。昨天和我们聊宇宙的起源，大爆炸什么的，谈恐龙的灭绝，还到计算机上去寻找更准确的解答。我觉得这就是上面第十三条讲的，让孩子和你分享他所学到的知识和感悟。父母对待孩子是分享知识的态度而不是监督批评的态度，会使孩子对于学习新知识一直充满动力。

保护孩子的学习积极性，比他眼下的成绩如何、作业是否得高分重要得多。

附上英文原信内容：

Make Doing Homework a Positive Experience

· Provide support and praise for homework completion.

· Be available to provide non-critical assistance.

· Give children choice in when, where, and how they complete homework assignments.

· Encourage your children to complete homework well enough that they have a sense of pride and control over their own learning and levels of competence.

· Maintain a positive and helpful attitude: avoid criticism and anger.

· Help children understand what types of homework they enjoy, and encourage them to choose assignments accordingly. When given a choice, some students prefer written reports; others prefer hands-on projects.

· Use homework preferences in developing a homework schedule. Some children prefer to complete the assignments they like least first, while others prefer to do their easier or favorite work first.

· If a child dislikes a subject, find ways to make it less frustrating. For example, set a goal of doing five math problems and then taking a stretch, listening briefly to music, or playing with a preferred game or toy.

· Encourage your children to participate in study groups with friends. Research shows that children who form study groups perform better than children who always study alone. This is particularly appropriate with middle school and high school students.

· Encourage your child to have fun, such as eating a snack, calling friends, starting an activity, playing a computer game, or watching a favorite show when homework is finished.

· Never use homework as a punishment.

· Be a good listener, and encourage your child to ask questions about things that are hard to understand.

· Set aside time for your children to share the skills and information they are acquiring with you.

· Help children study for tests by quizzing them on the material in a friendly manner. "Drive time" in the car is a great setting for this.

· Have your children imagine themselves as excellent students. Then brainstorm what needs to be done to make that a reality.

As we begin a new school year together, I am so thankful to be here with you at ＊＊ Elementary School. Thank you for sharing your wonderful children with us and thank you for all that you do to make our school the very best! Have a great start to the school year!

美国学校选择天才儿童的标准

我们所在地区的小学设有天才班，由老师推荐参加考试，孩子通过了考试就能进入天才班，接受专门为高智商孩子设定的教学训练。如果家长觉得自己孩子挺有天分的，也可以向学校自荐，孩子同样也允许参加考试。

学校在考试通知的后面罗列了天才儿童的普遍特征，供家长们参考。

天才儿童的特征有：

1. Organizes collections, people, ideas（会将收集物、人和思想系统化）；

2. Learns rapidly and readily applies new knowledge（能够迅速学习运用新知识）；

3. Has good memory（记忆力强）；

4. Holds a longer attention span（注意力集中的时间长）；

5. Demonstrates compassion for others（对他人有同情心）；

6. Recognizes a strong sense of justice（具有强烈的正义感）；

7. Demonstrates perfectionism（做事追求完美）；

8. Has a high degree of energy（精力高度充沛）；

9. Enjoys imaginative, creative play（喜爱有想象力和创造性的游戏）；

10. Prefers older companions（愿意和比他年纪大的人为伴）；

11. Demonstrates "common sense"（常识性强）；

12. Attracted to a wide range of interests or narrow one（兴趣广泛或者

兴趣专一）；

13. Shows interest in experimenting and doing things differently（表现出探索精神，愿意找出不同的方法尝试）；

14. Sees relationships, identifies similarities, differences, analogies（能够发现事物之间的联系，识别相似性、差异性和可比性）；

15. Uses extensive vocabulary（词汇量大）；

16. Displays unusual sense of humor（非比寻常的幽默感）；

17. Demonstrates ability with puzzles, mazes, or numbers（在拼图、迷宫和数字方面能力强）；

18. Seems mature for age at times（看起来比实际年龄成熟）；

19. Shows an insatiable curiosity and persistence（一直保持极强的好奇心）；

20. May have intense concentration（注意力高度集中）；

21. Is unusually attentive to details or not concerned with details at all；（异常注意细节或者对细节完全不在意）；

22. Recognizes patterns easily（能轻易识别出规律模式）；

23. Demonstrates perseverance in areas of interest（对感兴趣的东西追求不懈）；

24. May question authority（也许会质疑权威）；

25. Displays an advanced senses of conscience（超前的道德感）；

26. Perceives abstract ideas, understands complex concepts（理解抽象和复杂的概念）；

27. May demonstrate intense emotional and/or physical sensitivity（可能在情感上或者身体上非常敏感）；

28. Seen as a leader by peers（被同龄人当成领袖）。

看了上面的有些条款，就觉得美国学校的标准和我们对天才的认定标准差别很大。比如最后一条，那领着一群孩子上蹿下跳调皮捣蛋被老师告状被家长惩罚的惹祸孩子王，竟然拥有天才特质！而幽默感，这个词我们通常也不会和孩子联系在一起，大人常会用"油嘴滑舌"这样负面的词语去评价一个有幽默感的孩子。而在美国，这是天才孩子的特征！

在中国一个学习成绩优异的孩子是备受推崇的，大家普遍认为天才应该体现在智力和学业的优异上，而在美国学校里仅仅学习好的孩子被称为书呆子（nerd），男孩子都极力避免自己被人认作是书呆子，因为这绝对是个贬义词。上面罗列的特征中，二十八条里只有五条与学习智力相关，分别是：词汇量大、数学能力强、辨认异同厉害，识别规律模式，理解抽象复杂概念，占了不到五分之一的比重。

像记忆力强，兴趣广泛，注意力集中这些特质我们也会认可，但是有些条款我们不仅不作为天才特质考虑，反而完全排斥避之唯恐不及。

例如"敢于挑战权威"，中国的教育制度并不允许学生挑战权威，学生如果敢于对老师的权威提出疑问或者挑战，那后果将是吃不了兜着走。驯服而听话的学生才是老师眼里的好学生。又比如强烈的好奇心，如果表现在课堂上，老师会觉得这孩子干扰课堂纪律，是要压制批评的。再如精力充沛的孩子，家长和老师往往会给贴上调皮捣蛋、不好好听课、好动没有耐心等负面的标签。

美国人认为天才儿童在品德上要有突出的表现，比如拥有同情心、正义感、道德心，这些我们往往口头说教的东西在美国是天才的表现，一个不具备这些品质的孩子虽然智商高也会被拒于天才班的门外。

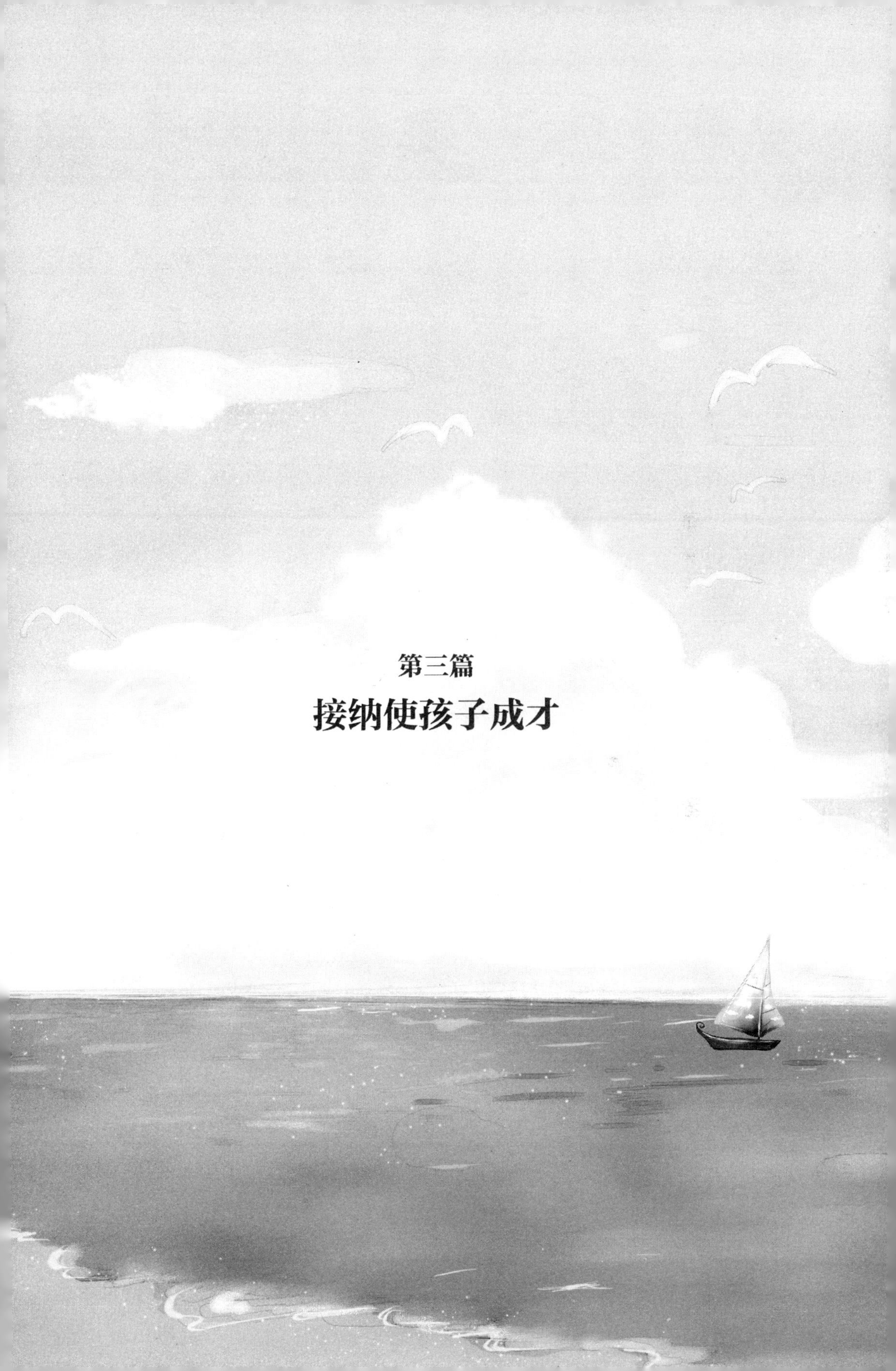

第三篇

接纳使孩子成才

一本令孩子百读不厌的书

有一本图画书叫《我爱你，臭脸》（*I love you, stinky face*），故事讲的是一天晚上睡觉前，妈妈为儿子读完书，给他掖了被子并说爱他之后，小小的人儿满心的不肯定，不知道如果自己换了个样子，妈妈是不是还会一样地爱自己，于是变着花样把自己想象成最恶心、最恐怖的东西来试探妈妈。

"我爱你，我的好孩子，"妈妈边说边帮我掖好被子。

但我有一个问题。

"妈妈，如果我是一个可怕的大猩猩？那你还会爱我吗？"

"如果你是一个可怕的大猩猩，我会亲自用梳子好好梳理你的毛发，不让它们打结。我会用香蕉给你装饰生日蛋糕，我会告诉你，我爱你，我的可怕的大猩猩。"

"但是，妈妈，但是，妈妈，如果我是一个奇臭无比的臭鼬，我的味道太难闻了，以至于我的名字叫臭脸，那怎么办？"

"那么我会给你洗澡，还给你撒上香香的粉。"

"如果你的味道还是不好闻，我也不会介意，我会紧紧地拥抱你，在你耳边悄悄说：'我爱你，臭臭的脸。'"

"但是，妈妈，但是，妈妈，如果我是长着尖锐的牙齿，能把你的头咬下来的大鳄鱼怎么办？"

"那我就为你的大牙买一个更大的牙刷，并让你每天晚上都刷牙，这样它们才能保持健康和锐利。"

"如果你喉咙疼痛，我会把头伸进你的喉咙里检查，确保你一切都正常。我还会说：'我爱你，我的凶猛的鳄鱼。'"

"但是，妈妈，如果我是一个可怕的食肉恐龙，长着锐利的爪子每晚睡觉时都会把床单撕成碎片怎么办？"

"那我会给你大量的肉吃，如果那是你所喜欢的。我还会每天都把你撕破的床单缝在一起，毕竟撕破床单只是个意外。"

"而且我会每天晚上帮你披好补好了的被单，对你说：'我爱你，我的可爱的、可怕的恐龙。'"

"但是，妈妈，但是，妈妈，如果我是一个生长在沼泽地里、全身挂满了又脏又臭的海藻的怪物，我永远都不能离开沼泽否则就会死去，你怎么办？"

"那我就在沼泽边盖一个房子，我会一直陪伴着你、照顾你。当你冲出水面的时候，我会对你说：'我爱你，我的脏兮兮的沼泽小怪物。'"

"但是，妈妈，但是，妈妈，如果我是来自火星的绿色外星人，我吃的是昆虫而不是花生酱怎么办？"

"那我就用不同颜色的衣服打扮你，秀出你的绿色皮肤……我还会为你带上用甲虫、蜘蛛、蚂蚁、蚱蜢等最好吃的虫子做的午餐餐盒。我还会写一张纸条和虫子放到一起，上面写道：'我爱你，小绿人，祝你好胃口。'"

"但是，妈妈，但是，妈妈，如果我是一个独眼巨人，我只在脑门中间长了一只巨大的眼睛怎么办？"

"那我就看着你的巨大的眼睛，说：'我爱你，我的小独眼巨人。'我会为你唱催眠曲，直到你那个巨大的眼皮垂呀垂下来并最终闭上了，你很快就睡着了。"

"我爱你，妈妈。"

"我爱你，我的好孩子。"

这本书文字中所表达出的纯粹的母爱——无条件的爱，无条件的接纳，让孩子感动，也让孩子安心。

书的配图也很生动，每个男孩想象出来的怪物都穿着和小男孩一模一样的条纹睡衣，手里拿着小男孩睡觉时搂着的绒毛小兔子，怪物的表情眼神都拟人化了，把孩子的心理活动都表现得活灵活现。

我的小儿子三猪很喜欢这本书，有很长一段时间，每天晚上睡觉前他都要和我一起读这本书。有时念完书，我给他掖被子说晚安，和他开玩笑说："我爱你，臭脸。"他会很认真地回答："妈妈，我不是臭脸，我是三猪。"他生怕我认错了他。

而我总是满怀柔情地对他说："不管你臭不臭，不管你是什么样子，妈妈都爱你。"

"不管你是什么样子，妈妈都认可接受，妈妈都一如既往地爱你。"母亲无条件的接纳，将成为孩子心中爱的源泉，也是孩子自信心和安全感的源泉。

母女俩成才的秘诀

有位女友漂亮迷人，举手投足间从容不迫，气定神闲，毫无紧迫、急躁之感。聊起小时候的生活，她说她家在"文化大革命"中受到很大的冲击，全家七口人被撵出家门挤在一个破车库里栖息。母亲在搬进车库的当晚，大声向孩子们背诵《陋室铭》：山不在高，有仙则名。水不在深，有龙则灵。斯是陋室，惟吾德馨……母亲达观的态度让孩子们也学会了乐观地对待逆境。虽然父母双双被审查，孩子们在外面都是灰头土脸的，可回到家关上门全家人依然相亲相爱，和谐幸福。

女友是个慢性子，我们大家一起聚餐，一般来说她总是最后一个吃完饭的。上小学的时候，有一天放学后她哭丧着脸跟妈妈说："妈，我们班同学都笑话我写字慢，扫地也慢，干什么都慢，我真的做事很慢吗？"她妈拍拍她的肩膀告诉她："姑娘啊，你那是不想快，你想快的话自然就快了。"她听了之后愣住了，仔细琢磨了一番，不由得精神大振："对啊！我不愿意慌慌张张地，就是喜欢不紧不慢地做事，如果我想快的话自然就可以做得快了！"

从此她认可了自己的慢，形成了遇事从容不迫的独特气质。也是从那时起，别人说什么都影响不到她，因为妈妈的肯定给了她足够的自信。她说不仅仅是她，她的几个兄弟姐妹也都有内在的自信，恢复高考的第一年，他们家包括她在内一下子考上了三个大学生。年纪大的两个哥哥后来也通过自修考取了研究生，如今在各自的领域里都是卓有建树。

等到她有了女儿宁宁之后，她也沿用了自己母亲对待子女的态度：认可孩子、肯定孩子、鼓励孩子。

宁宁小时候参加了舞蹈班学跳舞，上台表演的时候，妈妈坐在台下，满脸含笑，两只眼睛一眨不眨地看着女儿，眼里都是赞赏，脑袋随着女儿的舞步轻轻地摆着打着节奏，好像女儿是全世界最耀眼的明星一样。宁宁在台上，看着妈妈盯着自己看，也看回去，仿佛在为妈妈一个人表演，毫无紧张感，大大方方地跳着。

表演完后，宁宁下了台，扑到妈妈怀里问道："妈妈，我跳得怎么样？"妈妈摸着孩子的脑袋回答："姑娘，你跳得棒极了，尤其是中间那个连续旋转，跳得又稳又舒展，美极了。"宁宁两只眼睛放光，兴奋地又问："真的吗？我跳得那么好吗？那我和小雯比谁跳得好呢？"

小雯是舞蹈班里跳得最好的女孩，老师经常用她给大家当榜样。妈妈看着宁宁认真地回答说："姑娘，妈妈自始至终都在看着你，没有注意到别人跳得怎么样，在妈妈眼里，你跳得非常完美，跳得最好。"宁宁美得满脸是笑，忍不住在原地又转起圈来。

当朋友讲这个故事的时候，我问她："宁宁现场真的跳得比小雯好吗？"她回答："孩子们表演的时候我确实没有看别的孩子，我知道宁宁在班上的水平顶多算是个中等，但是我要让她感觉到妈妈最重视她自己的表现，和别人无关，在妈妈眼里她就是最好的。所以我一直盯着她，用目光鼓励她，让她心里有底气，在场上发挥出自己的水平。"

宁宁在国内读小学时资质平平，班级排名中等。后来她跟着父母来到美国，从字母开始学习英语，在妈妈的鼓励下，她在各个方面都越来越出色，尤其是性格特别开朗大方，做事有主见又善解人意，在学校里人缘极好。她以全A、全年级第一的成绩高中毕业，被常春藤大学之一的宾州大学录取，进入了这所大学里世界闻名的沃顿商学院。

学院里有很多学生自建的俱乐部，在第一学期期末考试之前，有个俱乐部组织一年级新生的家长给孩子们送祝福。因为沃顿商学院里面聚集的都是各地的学习尖子了，竞争非常激烈。第一次大考学生们普遍紧张，俱乐部里的老生们用这种方式给新生解压。女友夫妇给宁宁送了一个漂亮的花篮，卡片上面写的是：孩子，得B得C也是人生的经历。他们知道宁宁非常自律，怕她在好手如云的环境中依然想要拿全A，弦绷得太紧了，所以告诉她不得A也不是什么坏事，都是人生的经历，别在成绩上给自己太大压力。宁宁收到花篮，拿起卡片，眼泪当场就流了下来……她深深地感受到父母对她的关心和爱护，无关乎成绩，他们爱的就是她。

宁宁在大学的成绩依然是年级第一，毕业前被几大银行争相录用，她选择去了全球最大银行最热门的一个部门，业绩出色，第二年就代表银行回母校去招揽优秀毕业生。

很多人向宁宁妈妈请教育儿经验，她说："我真没有特意做什么，没送孩子去补习过，也没有参加昂贵的那些夏令营，好像都是在平常点点滴滴的小事上，给孩子略加指点，鼓励孩子去尝试而已。我最注意的，就是始终让孩子感觉到，在妈妈眼里，她是最好的。"

因为妈妈的"信任"，宁宁真的成为了亲朋好友眼中最好的孩子。

相信宁宁以后有了孩子，也会是非常出色的，因为她会沿用自己母亲的方式——用接纳和赞赏去对待孩子，让孩子拥有充分的自信和自我肯定，给孩子无条件的爱，这才是孩子自律和成才的关键所在。

接纳孩子的情绪

一次我送儿子三猪去幼儿园，看到一个刚入园的四岁多的男孩因为妈妈离开而大哭大闹不止。一个老师搂着男孩让他趴在自己的怀里哭，边拍着他后背边说："我知道跟妈妈说再见是很难过的事，嗯，是非常非常难过的事，不过你要知道妈妈下午肯定会回来接你的。我们来做点什么帮你感觉好一点好不好？让我们写封信给妈妈吧，告诉她你很想她，你觉得怎么样？"一边说着，老师一边慢慢领着男孩往屋里走，孩子这时已经由大声嚎哭变成了小声地抽泣，进屋之后，老师拿给他一张纸和各色蜡笔，和他一起坐下来写信，这时候孩子已经完全停止了哭泣，用心地写写画画起来。

这个幼儿园走廊的墙上贴着一张纸，上面写着：孩子情绪不好时大人需要做的四步骤：

一、认可孩子的感觉；

二、搞清楚孩子为什么这样；

三、帮助孩子心情好起来；

四、启发孩子自己解决问题。

上面那个老师对待哭闹的孩子就履行了这几条原则：首先认可孩子难过的情绪，然后帮孩子想个办法疏导和表达自己的感觉。

我后来一直尝试用这个办法对待孩子的不良情绪。

三猪有一次不小心把自己最喜欢的一本书的封面撕坏了，难过得不得了。如果是在以前，我也许会教育他不要为洒了的牛奶而哭泣。当我知道认可孩子的情绪对于孩子非常重要之后，就换了种做法，首先跟他说撕坏了书确实让人感到很难过，表达出很理解认可他的感受的意思，然后帮他出主意，可以用透明胶带或者用糨糊把撕坏的地方粘好。我们俩一起找来了胶带和糨糊，他自己比量了一番，觉得还是用糨糊比较好。我帮他裁下一小条纸，他在上面涂上了糨糊然后将撕坏的书皮从背面补好，从正面看基本上看不出来了，孩子也不再难过了。

在观察中美育儿观念的差异时，我发现对于孩子哭闹这件事上中美父母的态度大不一样。中国父母往往很难忍受孩子的哭声，总是想方设法哄孩子不哭，好像只要止住孩子的哭声麻烦就过去了。而美国父母往往会让孩子哭出来，即使有时候孩子是在无理取闹，他们并不在原则问题上妥协，但是还是会表达出理解孩子心情不佳的态度。他们通常不说"不许哭"这样强制孩子压抑自己情绪的话。

一次我到一位美国人家里参加烧烤聚会。这家的男主人是大学教授，女主人原本也是大学老师，有了孩子后就在家里带孩子，他们有三个孩子，最小的刚两岁。时至中午，大家正在后院阳台上喝着聊着，屋里传来孩子的大哭声。原来是主人家的小儿子凯文哭了，女主人赶紧进屋哄他。哭声随着妈妈的爱抚不见减轻反而更大了，男主人放下烧烤的东西，也进屋去查看，我们跟进去只见凯文躺在地上闭着眼睛大哭，女主人轻抚着他的后背慢声细语地说："宝宝，你很难过是不是？你想要什么呢？"凯文不仅不搭腔，妈妈每问一句，他的哭声就升高一级。女主人无奈地站起来对老公说："换你来吧。"爸爸弯腰想把凯文抱起来，可他拼命挣扎不让抱，梗着脖子扯着嗓子嚎。爸爸拍他的后背哄他，还是毫无效果。女主人见此情景就对老公说："让他自己待一会儿吧。"她又蹲下来抚摸着孩子胳膊说："凯文，妈妈知道你感到很烦躁，你想哭就哭吧，我们都不打扰你了，如果你想找爸爸妈妈，我们就在阳台上。"说完她站起来，嘱咐其他小孩到地下室去玩，示意大人们跟她一起回到后院继续聚会。

凯文的哭声隐约地从屋里传出来，男女主人都若无其事地聊天烧烤，招待客人。过了一会儿我们跟着女主人进屋查看，发现凯文躺在地上睡着了，脸上还挂着泪珠。

我一向认为孩子哭泣的时候大人应该想办法哄住孩子，不应该任由孩子哭下去，所以和女主人聊天时说起了怎么对待孩子哭闹的问题。她说："像凯文这么大的孩子还不会表达自己，他哭闹自有他的道理：心情不好了，肚子不舒服了、饿了、渴了等都可能是原因。哭闹是孩子表达情感的一种方式，也是孩子愈合感情创伤的必要过程。等他哭够了，他自会平静下来。强行制止孩子的哭泣会让孩子情绪低落，打不起精神，对什么都不满意，因为他的负面情绪和受到的创伤没有机会发泄和愈合。还有一种情况孩子因为要求没有得到满足而哭闹，大人给他哭闹的自由会让他慢慢地明白，哭闹不解决这些问题，要让别人明白自己想要什么才行，这是他逐渐成长的过程。大人允许他哭闹是给他留下自我反思的空间和机会。"

她在大学的第二学位是心理学，专门研究人类的情绪问题，她说了一个很有意思的观点：孩子哭如果让父母心里难受、烦躁不堪，往往是父母自己在成长过程中，内心积郁了许多负能量，没有得到宣泄的机会。孩子负面情绪的爆发，会触及父母内心的同类情绪，潜意识里因为担心自己失控，所以也不允许孩子发泄。

她还提到有些父母不允许孩子害怕，如果孩子说怕恐龙，妈妈就说，那有什么好怕的，都灭绝了。如果孩子怕黑，就说妈妈都不怕，你也不用怕。实际上情绪没有好坏之分，怕、恐惧都是人的正常的情感反应，孩子既然有了这样的感受，父母应该首先表达出接受，接受之后再引导他去面对，不能以自己的标准去衡量孩子，拒绝和否定孩子的情绪。

否定孩子的情绪给孩子的暗示是：妈妈不喜欢我害怕，害怕是不好的行为，我不应该害怕，否则妈妈就不爱我了。

为了取悦父母，孩子在想哭泣时和害怕时会压抑自己，犯了错会撒谎，遭受欺负会隐瞒不报。如果在父母面前都要戴上假面具，孩子在哪里才可以做真实的自己呢？假面具戴久了，孩子的心理就会逐渐扭曲。

儿童对自己情绪的认识和掌控是一个漫长的过程，每一次的情绪体验都是他成长的机会。孩子的情绪属于他自己的管理范畴，大人不应该为此负责，不要因为孩子不高兴就觉得自己很失败。我们能做的，就是完全接纳孩子的情绪。当孩子会说话了之后，大人在接纳他情绪的前提下，教他正确地沟通，学着用语言把情绪表达出来，孩子就不会因为无助和受到挫折而大哭大闹不止，逐渐就会做到遇到事情不惊慌失措，不发脾气，会尝试讲道理并寻求帮助。孩子会拥有强大的内在，变得通情达理，从容不迫。

担心还是祝福

心理学家曾做过这样一个实验：有一个人早上精神抖擞地去上班，在走廊上迎面遇到同事，对方打过招呼后很关切地问他："你脸色不大好，病了吗？"他摇头："没有的事，我很好。"第二个人看见他又说："你还好吧？气色这么差，生病了？"他很疑惑地摸摸自己的脸，觉得自己感觉还行，不知道为什么同事会这么说。第三个人遇见他又是很关心地问："你的脸色怎么这么难看，有病别硬挺着，该上医院就上医院去，别耽误了。"他这时候就觉得问题有点严重了，感觉身上乏力，脚步也慢了下来，等到第四个人看见他后脸色一变，疾步过来搀扶住他，问他："你是否需要马上坐下休息一下？"他真的觉得自己脚发软，有点站不住了。他进了卫生间，看见镜子里自己的脸色惨白，眼神黯淡，举起手来，手指在微微颤抖……他随后去跟领导请假说他不舒服，想去医院检查一下。

其实，那几个同事都是事先安排好的，故意诱导这个人让他认为自己生病了，结果只需要四个人他就完全认同了外界对他的观感。

环境和他人对一个人的影响超乎我们想象。孩子在这个世界上和父母的联结最紧密，对父母充满了爱和依赖，所以父母对孩子的影响是决定性的。当父母相信孩子肯定孩子，这样的正能量就变成了孩子的动力，当父母担心孩子否定孩子，这些负面印记就刻在孩子的心底，变成了孩子的魔咒。

班里有两个女孩子，同时被学校运动队选拔为长跑运动员。

一个女孩跟妈妈讲了之后，妈妈说的是："你行吗？你那么瘦，跑得动吗？女孩子练什么长跑，多辛苦多危险啊？摔了怎么办？受伤怎么办？再说你天天跑步耽误时间不影响学习吗？"孩子一听，就打退堂鼓了，跟老师说不参加了。

另一个女孩回来告诉妈妈这个消息，妈妈说："孩子我觉得你行，你从小就比别的孩子跑得快、有耐力。你好好练习，一定可以跑出好成绩。长跑不仅仅锻炼身体，还锻炼人的意志，妈妈支持你。"孩子听了之后，信心倍增，积极参加训练，出去参加比赛屡屡拿到奖牌，身体也因为长跑变得强壮起来，学习成绩越来越好，也越来越自信，高考时成绩很棒，还因为体育特长而加分。

一个男孩子高中时决定去学文科，爸爸妈妈听了之后说："行行出状元，学什么学好了都会有出息，你自己喜欢的就一定可以学好。"这个男孩后来成了他们当地的高考文科状元。每当他在做人生选择的时候，父母都给予他衷心的支持和祝福，相信他可以做好。他一直顺风顺水，在大学成绩优异，毕业后被省级电视台录用，策划了很多有影响的电视节目。

另一个男孩告诉父母自己想学文，他的父母说："都说学好数理化走遍全天下，你一个男孩子，学文科以后能找到工作吗？"男孩放弃了文科，学了自己不喜欢的理科，成绩平平，大学毕业后好几年都找不到工作……

著名乒乓球国手邓亚萍小时候喜欢上了乒乓球，所有的人都因为她太矮而不看好她，只有她爸爸对她说："你很优秀，你行！"她果然行。

爱因斯坦小时候五岁之前都不开口讲话，常常一个人坐在那儿发呆。别人看到了就跟他妈妈说："这孩子怎么总是发呆啊，不会是有什么毛病吧？你最好领他去医院检查检查。"妈妈回答说："你不知道，他不是发呆，他是在沉思，他以后一定会成为一个了不起的科学家。"爱因斯坦果然成为了一位伟大的科学家。

如果妈妈念叨的是："这孩子是不是真有问题呢？以后能上大学吗？能找到工作吗？"孩子大概真的就上不成大学，找不到工作了。

中国台湾的证严法师说："如果父母常常担心他的孩子，他的孩子会没有福气；因为福气都被父母给担心掉了。如果父母希望他的孩子有福气，就要多多祝福孩子，而不是担心他的孩子。"

父母相信孩子有能力去面对他自己的生活困境与难题，有能力为自己的生活做出选择，并为自己的选择负责，那么这个相信就是一个深深的"祝福"，孩子会因为这样的祝福而充满信心，一路披荆斩棘到达目的地。相反的，如果父母亲总是觉得孩子还不懂事、想法都不成熟、不会照顾自己、在外面会吃亏上当，孩子会因为这些担心而怀疑自己、做事畏首畏尾，那么这"担心"就变成了"诅咒"，事情果然就会向父母所担心的那种状况发展。

生活中很多父母都在过分地担忧子女：上学担心成绩，毕业担心工作，工作了又担心孩子的婚姻，如果结婚了又担心怀孕生子，可以说一直都处在为孩子的担心之中，妈妈天天忧心忡忡，潜移默化之中影响着孩子的情绪和心态，他总是运气差，诸事不顺。

父母的担心是负面的能量场，环绕在孩子身旁，阻碍着孩子的好运气。而一个从不担心小孩、相信孩子的家长，他的孩子自信、自我感觉好，就真的会顺风顺水。

父母要小心检视自己对待孩子的所有"念头"，当孩子遇到问题或者选择的时候，我们是要去祝福呢还是去担心呢？与其担心，不如衷心地祝福吧！给予孩子祝福，就是给了他们勇气和力量，好运必然会伴随着他们。

正面鼓励还是负面刺激

我为女儿找中文课外读物，在一本中文儿童杂志里看到一篇男孩的日记。他说妈妈过生日，自己想送给妈妈一份特殊的礼物，就是亲自动手为妈妈做顿饭。他觉得炒鸡蛋很容易，看过妈妈做了很多次，所以最后决定给妈妈炒了个鸡蛋。他打鸡蛋时撒到了碗外面，点火也费了番周折，一开始锅里还忘了放油，最后几经周折地总算炒出了一盘鸡蛋。妈妈回来了，看到了那盘色香味不是那么完美的炒鸡蛋，对孩子说：这次给你打九十分，下一次你要努力得一百分。

跟我学中文的凯丽和一个美国男孩读了这个故事之后表情都有点怪怪的，我问怎么了？他们说这个妈妈是不是太挑剔了？孩子亲手给她做的生日礼物，那么认真地做了，妈妈都不说句感谢的话，竟然给他打分，还希望他下一次做得更完美？

美国男孩说起他九岁时第一次给妈妈烤了个生日蛋糕，他是在学校的烹饪课上学的，用买来的蛋糕粉按照说明一步一步加水加油就能做成。他用自己的零花钱让哥哥偷偷帮他买来了蛋糕粉，妈妈生日那天放学后，他在家里照着说明开始做起来，不明白的地方就去问哥哥。他家烤炉的功率可能有点大，按照说明上的时间烤，结果蛋糕有点烤过头了，边边角角都有点发黑。重新做已经来不及了，他将就着在上面插上了蜡烛，哥哥帮他用颜料写上了祝妈妈生日快乐。他听到车库门响，知道是妈妈回来了，赶紧把灯关上，把蛋糕上的蜡烛点上。妈妈进门看到桌上的蛋糕，惊喜万分，给了他一个大大的拥抱，亲了他好几下，他觉得妈妈的表情好像都要哭了。妈妈吃了一大块蛋糕，还说那是她吃过的最美味的蛋糕。男孩子说他一直记得妈妈在烛光中的脸，笑得那么甜蜜。

两个妈妈的不同态度体现了中美文化上的差异。美国的妈妈看到孩子为自己做了什么，不去关注结果怎么样，首先肯定孩子的心意，充分表达自己的感动，用拥抱亲吻等实际行动来表达爱意，用赞美的语言让孩子知道自己的付出得到了回应。孩子亲手做的食物，因为有爱心在里面，对于父母来说都是最甜美可口的。美国孩子大多数都自我感觉良好，就是因为他们总是能够及时得到父母和老师的鼓励、赞赏与肯定。

而中国父母对孩子的肯定是含蓄的，为了让孩子做得更好，往往不提孩子的努力和进步，只批评孩子的不足，希望借助负面评价刺激孩子进步。父母总是要设个更高的目标，让孩子去达到。孩子若做得好，那是理所应当，还可以做得更好；如果孩子失败了，就要责怪孩子努力不够，令父母失望。

父母的否定态度会阻碍孩子形成良好的自我认知和自信心，让他们失去把事情继续做下去的乐趣和欲望。

有个女留学生博士毕业后在大公司里工作，业务上很厉害，可是多年来一直郁郁不乐，感受不到生活的热情，也没有朋友，经常有自杀的念头。一次因为身体原因去看医生，医生强烈建议她去看心理医生。心理医生诊断她有严重的忧郁症，对她进行了数年的心理治疗。其中一项内容就是帮她回溯到儿童时期，发现导致她忧郁的根本原因是小时候没有得到过父母的肯定和关爱。她回忆起父母从小对她很冷淡，她努力学习希望能博得父母的欢心，可父母觉得那是理所应当，从来没有一句鼓励赞赏的话，甚至连个微笑都不给她。而一旦她没考好，妈妈就会冷冷地出言讽刺，说她脑子里不知想些什么乱七八糟的，能考出这种分数来，让她羞耻得无地自容。后来她以全校第一的成绩考入重点大学，但是心里一直就觉得很空，无论成绩多么优秀她就是觉得自己不够好，自我评价非常低。

在做心理治疗时，医生让她对着镜子说"我爱你，我很爱你。"她哭着摇头，说不出来。医生让她再试，她大声喊出的是："我不可爱，没有人爱我，如果我可爱，为什么我爸爸妈妈从来都没有表现出他们爱我?"

美国最早的实验心理学家威廉·詹姆斯说：人类最本质的需要是渴望被肯定。孩子天性最渴望得到父母的爱和赞赏，如果孩子总是从父母那儿得到负面刺激，他会在自卑和没有安全感中挣扎一辈子。

我们可以想出一万种方式去肯定和赞赏孩子：你很棒，我们以你为自豪、你很努力、很细心、很认真、你有自己的思想、你很有动手能力、你有创造力、你有人缘、很有爱心、你很体贴、你的表达能力很强，你观察很细致，你的笑容很甜美、你真善良……对于孩子来说，正面的激励永远都比负面刺激更有效果。

"扬长避短"还是"勤能补拙"

经济学上有个"木桶效应"理论：决定一个木桶的盛水量的多少由最短的那一块木板决定。许多家长把这个理论套用在孩子身上，对孩子的弱点进行强化训练，以期把他的短处"拉长"，让孩子这只"木桶"能够装最大量的水。

我觉得"木桶效应"理论，适用于团队合作和管理工作中：工作效率是由最慢的那个环节或部门决定的，提高了该环节的效率就提高了整体效率。

这个理论并不适用于孩子的培养。因为一个人并不需要在所有的领域都出色，也不需要拥有所有的性格优点，他只要在一个方面出类拔萃就足够了。以己所长去选择职业，既能轻松地做出成就，自己也会享受工作带来的乐趣。

认识一个母亲，她读过很多育儿书，对教育孩子有理有据，全力以赴。她的儿子比较内向木讷，不善言辞，母亲从小送他去学演讲，学表演，参加人际交流课程等。她这么做的理论根据就是上面讲的"木桶效应"，她说希望孩子能全面发展，不要因为内向的性格影响了将来的自我表现和人际关系。

几年下来，孩子上了初中，母亲的刻意培养不仅没有让孩子变得开朗，孩子的性格反而更内向了；和人交谈时眼光游移，十分敏感，能不讲话就不开口，毫无他母亲满心希望的开朗健谈的样子。其实这个孩子心灵手巧，他组装汽车模型时能够聚精会神地做好几个小时，专注于自己手中的事情。初中时刚接触化学知识，他自己对照书搭起来的简易实验装备有模有样，参加学校的科学展览被评上了年级第一。他好静不好动，不爱热闹，只愿闷在家里捣鼓东西。他妈妈软硬兼施地逼他出去和朋友玩，也经常在家里聚会请朋友带孩子来家里玩，他都会跟着参加，但是都没有什么热情，只有别人和他谈起组装某样东西时，他才会眼睛发亮地说个不停。

看到这个孩子，就觉得妈妈的功夫下错了地方。她偏重于弥补孩子性格中的短处，让孩子总觉得自己不如人。如果竭力地与自己的天性较劲，孩子渐渐地就会失去自信和自我认同感。以自己所短去搏人所长，挫折感在所难免。

如果这个妈妈把眼光放到儿子的长处上，让孩子把时间和精力都用在他喜欢做又有能力做好的地方，那么可能会培养出一个发明家或者科学家，而孩子也会比现在更加自信和快乐。

乒乓球前女子世界冠军焦志敏的儿子十八岁获得了全美业余高尔夫球赛的冠军，是此赛事历史上最年轻的冠军。焦志敏的韩国老公安宰亨以前也是乒乓球国手，退役后一直做乒乓球教练，他们的儿子没有打乒乓球而去学了高尔夫，出乎大多数人的意料。按照一般人的想法，以焦志敏和她老公在世界乒乓球界的声望和人脉，让儿子学打乒乓球有太多优势，他们可以轻而易举地为儿子铺出一条阳光大道。

焦志敏是个很有智慧的妈妈，她解释孩子没有学乒乓球的原因时说："我很了解我的孩子，从小他不是很灵活，这对他打乒乓球不是优势，但是他很稳重，他站得稳、手稳、心也稳，而这恰恰是高尔夫选手需要的特质。"

焦志敏没有去让孩子去"勤能补拙"，通过努力提高灵活性来打乒乓球，而是根据儿子的优势所在，因势利导，让他选择了打高尔夫球，儿子最终成为这个领域一颗耀眼的新星。

可见，对孩子的教育和未来职业选择来说，"扬长避短"才是王道！

我想为人父母的都可以从中汲取些经验教训，在培养孩子的过程中，不要哪壶不开偏去提哪壶，逼孩子把弱项变成强项，而是帮助孩子选择一个最能发挥他长处的舞台。

帮助孩子建立自信心

一位女友的妈妈非常漂亮，可她长得像爸爸，不是妈妈那样令人眼前一亮的美女。小时候，妈妈的朋友们第一次见到她，总会打量着她说："这孩子，长得可不像你。"妈妈就有点无奈地回答："可不是，像他爸爸小眼睛，我的好基因没遗传上。"因此她对自己的相貌非常自卑，觉得自己的小眼睛丑得不得了。逐渐她变得沉默寡言起来，遇事不喜欢出头露面。后来找的男朋友各方面都比她差，她还是觉得自己配不上对方。几经波折终于结婚成家，当她有了女儿以后，和妈妈聊起孩子的长相，她说我自己长得这么丑，女儿长这样已经很知足了。妈妈很吃惊地说："你哪里丑了？你挺漂亮的啊！"她也很吃惊："你不是一直都觉得我长得丑吗？"

她把小时候大人的那些对话以及自己的感觉讲给妈妈听，妈妈懊恼地说："那时候我并不是觉得你长得丑，虽然你没遗传到我的大眼睛，但是你的长相还是高于一般水准的，当时只是就事论事而已，根本不是说你长得丑的意思。"妈妈没想到大人间的无心之谈给孩子心里种下了自卑的种子，影响到她的自我评价，甚至影响到了她的性格还有择偶。

美国有个在警察局工作的职业画家做过一个实验，他请来不同的女士，和她们隔着帘子聊天，让她们很详细地描述自己的长相，他边听边画下来。然后他请来和该女士迎面而过的陌生人来评价她的长相，也画了下来。很多女士看到并排放在一起的两张脸部素描时都哭了，因为她自己描述的那一张明显比别人描述的那一张要丑陋、要阴郁和不快乐。她们在描述自己的长相时，常常会提起："我妈妈说我长了个宽下巴，有人说我的鼻翼很大……"

很多人的不自信都是从不认可自己的长相而来，而这往往和大人在孩子小时候对他的长相的负面评价有关。孩子非常敏感，大人无心的言谈却会损伤孩子的自信心。如果上面那个女友的妈妈能意识到这一点，当别人对女儿品头论足的时候，用正面的话，类似"我女儿眼睛虽小但是有神""我女儿比我秀气"等来肯定女儿，孩子就不会在心里留下那么深的负面印记了。

想要孩子拥有自信心，父母一定不要当着孩子的面消极地评论他的长相，除此之外，还要注意做到下面这几条：

第一条　无条件地爱孩子。

孩子的自信，对自身价值的肯定，从根本上讲来自父母无条件的爱。

我爱你，只因为你是你，和你是个什么样的孩子无关。无论你是健康还是病弱、聪明还是愚笨、听话还是捣蛋、漂亮还是丑陋、成绩是好还是差，父母都会永远爱你，这就是无条件的爱。

第二条　用尊重的态度对待孩子。

把孩子当做一个平等的人来看待，比如和孩子说话时，也要用"请，谢谢，对不起"这些日常礼貌用语，孩子能够得到大人的尊重就会自尊、自信。

第三条　接受孩子的性格。

孩子如果外向坐不住，那是阳光大方；孩子若是内向胆小，那是含蓄沉稳……性格无好坏，各有所长也各有所短，取决于评价者看待的角度。父母用正面的态度看孩子，接纳孩子的全部，孩子就会自信。

第四条　给孩子自主选择权。

孩子小时候可以自己选择穿哪件衣服、用什么样的牙具，可以选择每顿吃多少饭，选择去哪里玩，大了之后可以自己选择参加哪些课外活动，看什么书，参加什么课外班，大学学什么专业，报哪所大学……孩子拥有了自主权，也就拥有了自信。

第五条　让孩子做力所能及的家务，生活自理。

帮父母做事，会让孩子有成就感进而对自己产生自信，一个人有能力管理自己的生活，他就笃定从容。

第六条　总是正面肯定孩子。

孩子取得成绩的时候父母要适时地给予赞赏表扬。表扬不是泛泛地讲：你真聪明！你真棒！越具体越好，重点强调孩子的努力、付出以及创意。

第七条　让孩子自己解决问题。

当孩子在玩游戏或者玩玩具遇到问题的时候，不要越俎代庖地去帮忙，让他自己想办法，关键的地方可以适时指导一二。自己解了一道难题、克服困难过关会使孩子的自信心大增。

第八条　给孩子一个自由的、不被打扰的空间。

当孩子拥有自己的领地的时候，心里会更有安全感，有助于提高自信心。

父母除了做到上面几条之外，绝对不能有下列破坏孩子自信的言行。

第一条　打骂训斥、讽刺挖苦孩子。

这是将孩子的自尊踩在了脚底下，是最伤害孩子自信的行为。控制脾气，和颜悦色地对待孩子是一个合格的父母必修的功课。

第二条　拿孩子和别人比较。

"隔壁小凯都会背乘法口诀了，你还不会，怎么这么笨！"这句话轻易就能摧毁孩子的自信心。

第三条　追求完美。

孩子取得了成绩，父母要表扬孩子，肯定他的努力，千万不要告诉孩子去争取更大的进步，去做得更好。孩子本身有追求卓越的内在动力，无需父母督促。孩子画的画、做的手工，不要指出可以改进的地方，更不能亲自修改。否则，孩子就会觉得自己做得不够好，会自我否定，失去继续做下去的兴趣。父母只要当下给予孩子支持和肯定，就足以让孩子信心倍增。

下面这首诗是我家孩子在幼儿园时老师教他们每天念一遍的，目的要把自我肯定深植于孩子的心中，让每个孩子都能建立起强大的自信心。

我觉得自己很棒，

有人爱我，爱的就是我这个样子。

我不需要和其他人一样，和他们一样高，或者做同样的事情，

我做我自己挺好。

我不必得第一，

我也不必是最好的，我所要做的只是尽我最大的努力。

有些事情我做起来很容易，

有些事情对我来说很难，不过这没有关系，因为每个人都不一样。

如果我做错了，

我可以再试一次。

我觉得自己很棒！

I feel good about myself

Somebody loves me just as I am

I don't have to look like anyone else, be the same size, or do the same things.

It is fine to be me

I don't have to be the first

I don't have to be best, All I need to do is try my hardest

Some things are easy for me to do

Other things are hard. But that is OK, because every one is different

If I make a mistake,

I can try again

I feel good about myself!

玩对孩子很重要

儿子三猪在美国上学前班时，我发现他天天在学校就是玩：做手工、听故事，学着讲故事，唱歌做游戏，在外面疯跑、玩滑梯、打秋千，偶尔学点知识就是将数字和几个实物画线连接起来，从乱成一团的路线中帮助小动物找到回家的路……这种学习方式看起来还是在玩。

我跟老师聊天时提起中美两国学前班的差异，中国的学前班孩子每天要规规矩矩地坐在课桌前学认字和算术，而这里的学前班不教知识，孩子只是聚在一起玩。她告诉我说："孩子玩是主动学习，上课是被动学习，只有主动学习才能开发孩子的智力，培养孩子的各种能力。孩子在玩中会感知这个世界的结构和事物规律，学会自己解决问题。"

她一再强调说对学龄前孩子，让他们尽情地玩耍就是对他们最好的教育。

美国孩子不仅在学校里玩，回到家里还是疯玩。父母们会想方设法提供各种条件让孩子玩，他们会带孩子到大自然里爬山、划船、野营、骑马、滑雪；让孩子跟朋友玩，一起踢球、骑车、聚会、玩集体游戏；同时，父母也给孩子自由支配的时间，让他自己跟自己玩，随心所欲地消磨时间。

美国人让孩子尽兴地玩，并没有降低整个社会的教育质量。美国有全世界最多的诺贝尔奖得主。近代引领世界潮流的新技术，新发明绝大多数都出自美国人之手。

　　虽然美国孩子已经拥有如此多的玩乐时间，美国青少年问题专家却还在大声呼吁，父母不要给孩子过度安排各种活动，要让孩子自由玩耍，并指出现在父母给孩子自由支配的时间比过去少了。宾州大学一位青少年专科医生认为现在青少年患精神心理疾病的比例呈现增长趋势，和现在的父母过度干预孩子的成长有关。他说很多家长觉得送孩子去参加体育活动比如踢球、学体操等都是让孩子玩，但是孩子在参与这些活动的时候自己不能做主，要听从教练的安排，也不能随便跟小朋友玩，所以这些活动不是真正的玩。真正的玩是没有成年人干扰、孩子自己随心所欲、信马由缰、完全自由地探索世界或者和朋友在一起互动。

　　这位医生从精神健康的角度分析，父母对孩子提出的任何要求，给孩子安排的任何活动都是给弹簧的下压之力，而自由玩耍可以让孩子慢慢地恢复弹性，如果没有这个恢复的时间，那么孩子要么突然反弹，要么就扭曲，精神上心理上可能会出问题。

　　相比美国的孩子，中国孩子玩耍的时间更少，大部分时间都被用来学习知识，训练技能，童年时光可以用"辛苦"一词来形容。让人心痛的是孩子所受的苦并没有让他们得到益处，反而让他们深受其害。因为他们一直被灌输知识，强行记忆那些随处都可以查到的事实，失去了探索世界、开启与生俱来的智慧的机会。

　　孩子出生来到世间，就好像是外星人来到地球一样，什么都不懂，什么都不知道，对于他来说生命中最重要的事情就是学习，只有刻苦学习才能弄明白这个世界的运作规律。因此孩子的一举一动，一颦一笑甚至发呆都是在学习。在生命的头几年，他动用所有的感官去看、听、闻、尝、抚摸来感知这个世界，他的学习方式就是亲身体验，换个通俗点的词就是"玩"。

　　玩对于小孩来说就是学习。

　　很多欧美国家立法不允许幼儿园教孩子阅读、写作和运算等课程。这些规定遵循了孩子生长发育的规律。

我国知名教育家陶行知说："儿童的创造力是千千万万祖先，至少经过五十万年与环境适应斗争所获得而传下来之才能之精华。"父母和老师的责任是提供合适的条件和环境来开启解放这种创造力。孩子在什么时候能激发出自己的灵感创造力和天才潜质呢？正是当他自由自在玩耍、独处、接触大自然等心灵最自由的时刻，而不是在被训练被教导的时候。

中国台湾前教育部门负责人、美国工程研究院院士吴京说：别人来问我如何教育孩子？我告诉他们，小孩子要"大玩"，长大一点就少玩一点，到大学更要少玩一点，到研究院就一点也不要玩了。现在正相反，孩子小时候没时间玩，到了大学真正应该学习的时候却放纵地玩了。

所以，父母让孩子在小的时候多玩玩吧，那不是浪费时间，而是对他最好的教育。

对孩子的未来最有帮助的爱好

常有家长问，应该送孩子去什么特长班才对孩子未来发展最有帮助？

我个人认为，在孩子小时候，父母最应该重视和付出时间精力的是帮助孩子培养爱看书的习惯。

培根说：读书可以作为消遣，可以作为装饰，也可以增长才干。读史使人明智，读诗使人聪慧，学习数学使人精密，物理学使人深刻，伦理学使人高尚，逻辑修辞使人善辩。总之，"知识能塑造人的性格"。

阅读能激发孩子的想象力、理解力、语言表达能力和写作能力，孩子只要喜欢读书，他终生会拥有充实愉悦的精神生活，父母不用担心孩子学习不好，不用担心他寂寞无聊，不用担心他染上恶习，也不用担心他会落后于时代。

听一个专门辅导问题儿童的美国专家讲，她曾去帮助一个父母因为贩毒吸毒被抓的小女孩。这个孩子八岁，举止言谈乖张、桀骜不驯，对学习毫无兴趣。专家尝试了很多办法都不能让女孩安静地坐上一小会儿，专心写几个字。专家后来就不再教她写字认字，而是天天领她去图书馆。进了图书馆专家自己就去找书看，让小女孩自己随便看书。女孩一开始不愿在里面待着，总想离开，专家说我要看完这本书才能离开，你也看书吧，不管什么书，只要你看完了，我就给你买一个冰激凌吃。慢慢地女孩开始找书看了。后来他们一直都是在图书馆里度过辅导时间，两个人各自看自己的书。小女孩渐渐地喜欢上了读书，词汇量慢慢地丰富起来，在学校的表现也好起来了。

一年之后，她的各个方面都发生了巨大的变化，变得懂事有礼貌，在寄养家庭里帮着做家务，在学校认真上课。她的书包里总是装着书，有空就坐下来读书，还在学校的单词竞赛、作文比赛中得了奖。读书使得小女孩拥有了自己的精神世界，专家说可以确定的是她已经摆脱了父母的生活方式，今后一定可以拥有健康的人生。

为孩子养成读书习惯很容易，关键在于允许孩子自由选择，广泛阅读。

孩子两三岁的时候，父母最好能做到每晚睡前为孩子读书，这样做不仅会让孩子喜爱上书籍，也能密切亲子关系。这么大的孩子对喜欢的书会百读不厌，父母不要强行换书给他读，让孩子自己决定看哪一本书，怎么看，看多少次，这样孩子才会真正觉得读书是一种乐趣。

随着年龄的增长，孩子的阅读兴趣在某个时间段会固定下来，过了一个阶段又会对新的领域感兴趣，父母不要去干涉孩子，允许孩子随心所欲地涉猎，父母能做的就是提供孩子喜欢看的书籍，定时领孩子到图书馆去借书或者到书店去买书。

看到有些父母肯花大价钱买昂贵的钢琴给孩子弹，却在买书上计较。如果能用买钢琴的钱逐年用来为孩子买书，可以建起一个颇具规模的家庭图书馆了。很多孩子弹了几年琴就放弃了，可是在书香中熏陶出来的孩子是终生喜欢读书的，他们会拥有深厚的人文素养，读书对一个人的影响是深刻而悠远的。

美国图书馆星罗棋布，借书很方便，可中产阶级家庭还是会给孩子大量买书，因为有很多好书孩子会看很多遍，想起来就要翻一翻，尤其在孩子小的时候，对于喜欢的书他可以把书翻到书页都烂了还爱不释手。有时候孩子突然想到了什么，想查看什么书，不一定马上借到，如果家有存书，那个突然而来的想法和兴趣就能够深入地研究下去。

很多父母在孩子求学阶段容易犯的错误一是把自己的读书喜好强加给孩子,二是强迫孩子读那些父母选出来的认为对孩子学习有益的书籍。

父母自己喜欢读的书自己多读就好了,可以跟孩子分享自己的读书心得,孩子如果感兴趣自然会去看那一类书,也许他暂时理解不了,将来他想起来的时候就会去涉猎。父母对孩子的影响是非常深远的,不要期望自己对孩子的影响会有立竿见影的效果。即使孩子永远不喜欢你所爱的书籍,也没有关系,他自有他深爱的,孩子由我们而来,却不是我们的复制品,他有自己的世界,比我们的更奇妙的世界。

父母在孩子读书这件事上更不能功利,想着对孩子学习有帮助才让孩子看书,逼着孩子看那些父母挑选的对写作文有帮助、对考试有帮助的书。这种做法本质上说不叫读书,是做作业的变种,会严重破坏孩子的读书兴趣。读书不是为了记忆知识,不是为了提高成绩,虽然读书确实可以增加孩子的知识面,确实会提高孩子的写作水平,确实有助于提高成绩,但这些只是读书益处最枝节的部分。读书给孩子带来的最大益处是打开孩子的眼界,为孩子安上一双想象的翅膀,为孩子提供思考和探索世界的机会,让孩子的人格完整,使孩子的心灵变得丰富而深刻。

解读孩子的不良行为

有一次和女友领着三猪还有她四岁的小女儿一起去看电影，然后又回到我家玩。我和朋友在厨房烧水冲茶，女孩和三猪在起居室里看电视，玩玩具。

我从外面进屋的时候，顺手把脖子上的真丝围巾解下来搭在椅背上。等我和女友端着茶和零食进入起居室时，看到小女孩把我那条大围巾一会儿裹在身上，一会儿披在肩上，在地上蹦来跳去的，一不小心踩在围巾上，差点绊倒，围巾也被扯得要撕裂了的样子。她妈妈见了赶紧过去跟她说看你把阿姨的围巾给扯坏了，快拿下来，不能玩！女孩儿扭着身子不听，还是拖着围巾满屋子跑。妈妈生气了，抓住女孩说你怎么这么不听话，快把围巾放下。一边说一边抓住围巾想从孩子手里夺下来。女孩使劲拽着围巾不撒手，妈妈的语气更加严厉了，使劲夺下了围巾，女孩哇的一声大哭起来，哭着哭着趁我们不注意拿起放在一旁的围巾扔在地上恨恨地使劲踩了两脚。

女友气得脸都变色了，一把拎起孩子放在墙角说："你这孩子怎么这么恶劣，你在这儿自我反省一会儿。"女孩更加大声地哭起来……

我站在旁边想，孩子为什么要披着围巾满屋跑呢？

扭头看到电视里正在上演一个少儿节目，几个孩子在里面边唱边跳，手里一会儿拿着帽子挥舞，一会儿拿着小旗子，一会儿换成了小纱巾……我灵机一动，走过去问女孩："安妮，你刚才是不是在学电视里的孩子跳舞呢？"女孩眼睛一亮，使劲点点头。

我从柜子里找出一条小方巾递给她说："刚才那条围巾你拿着跳舞有

点太大了，你会绊倒也会把它踩坏了，这一条的大小合适，你用它试试。"女孩接过来舞了舞，破涕为笑。

孩子看似不合理的行为，其实都是有原因的。大人往往把注意力放在孩子的不良行为以及因为这个行为而产生的恶果上，为此去责怪训斥孩子，孩子如果得不到申诉的机会或者因年龄太小不懂如何表达，就会因为父母的责骂而烦躁不堪，用歇斯底里的方式发泄不被理解的痛苦情绪。而大人越发对这样的行为不满，更加生气并惩罚孩子，就形成了恶性循环。

在孩子出现异常的行为时，大人先别急着去否定孩子，而是想想他为什么这么做，找到背后的原因对症下药。如果孩子大了，能够很好地表达自己，那么在责备之前先问清楚原因，耐心地聆听，给他机会说明前因后果，然后因地制宜地或者引导或者纠正或者理解孩子的"不良"行为。

我国著名教育家陶行知讲过一个故事：他朋友的太太新买了一块金表，她的儿子却把它给拆坏了。大怒之下，这位太太把儿子结结实实打了一顿。她到陶行知家跟他说："今天我做了一件极痛快的事，我的小孩子把金表拆坏了，我给了他一顿好打。"陶先生对她说，恐怕中国的爱迪生被你枪毙掉了。然后跟她谈孩子这么做不是搞破坏，是好奇心使然，小孩子这种行动原是有出息的可能。这位太太就向陶先生请教补救的办法。陶先生说："你可以把孩子和金表一起送到钟表铺，请钟表师傅修理，他要多少钱，你就给多少钱，但附带的条件是要你的小孩子在旁边看他如何修理。这样修表铺成了课堂，修表匠成了先生，令郎成了速成学生，修理费成了学费，你的孩子好奇心就可得到满足，或者他还可以学会修理咧。"

陶先生不愧是教育家，看他补救这件事的办法多么有建设性。从这个故事中我们也可以体会到，父母切莫因为孩子的"不良"行为而粗暴地惩罚孩子，一定要先压住自己的怒火，找到孩子行为背后的原因再来采取行动，否则伤害感情不说，还会破坏掉孩子的好奇心和创造力。

怎么对待不听话的孩子

孩子不听话几乎是每个父母都会遇到的问题，常言说"没有不好的孩子，只有不会教育的父母"，那么在面对孩子不听话时，父母该怎么做呢？

一、问问自己，孩子为什么不听话？

1. 父母的要求正确吗？

孩子不听话时，首先看看自己的要求是否真的正确。如果这个要求本身就错了，比如是在强人所难或者不了解情况就妄下结论，或者实施起来会适得其反等，孩子这时候不听大人的反倒是正确的。

2. 父母说话的方式是否正确？

有时候，孩子确实错了，但是大人说话的方式却让孩子难以接受。比如大声训斥、讽刺挖苦、数落唠叨、翻出以前他犯的错误、痛诉家史、用自己为孩子做了多大的牺牲来让孩子心存愧疚。孩子在心里非常抗拒这样的语言暴力，自然就要反其道而行之。

儿童的逆反心理，本质上是种自我保护，是他自身人格受到外界压抑后的自然反应，当父母发现孩子有逆反倾向时，要马上反思自己是否对孩子的方式太简单粗暴了，是否真的设身处地从孩子的角度看问题了。

想想孩子的要求是否也有一定的道理？可否先认同他的思路，再从中找到双方都能接受的解决办法？

3. 时机是否正确？

如果孩子平时挺通情达理的，但某一天突然无理取闹，父母就要仔细观察孩子的情绪状态。大人孩子都有不顺利的时候，那天孩子也许在学校被老师批评了，也许和朋友闹矛盾了，也许成绩没有达到自己的预期……总之，如果孩子反常地和父母拧起来，父母不要觉得孩子怎么突然变坏了，怒气一下子就爆发出来，这时候更要冷静克制脾气，仔细探查孩子情绪里的东西，先放下对他的要求，慢慢引导他说出困扰他的问题，再讨论如何去对待和解决。

4. 所用语言是否超越了孩子的理解力？

对多大的孩子说多大的话，让孩子能明白你在说什么，要求什么。

二、父母自认要求是正确的，可孩子就是不听话。

这时候，父母可以转换一下自身的角色，想象一下如果自己是孩子，父母提出了相应的要求，自己会怎么看待这个问题，会怎么去反应。

想要孩子理解父母的苦心，首先要理解孩子的想法。想要让孩子听话，首先要用心去"听"孩子的话。父母不要站在孩子的对立面看问题，而要站在孩子的旁边，从孩子的角度去看待问题。

很多时候，从孩子的角度看，大人其实误解了孩子。

有时并没有谁对谁错之分，只是各自处理问题的方式不同。就像家具的摆放，没有对错，就是个人观点相异。就像先做作业还是先玩，最后的结果都是完成作业也玩了，顺序没有对错之分。如果是孩子自己的事情，能否让孩子按照他的方式去尝试？毕竟他的人生路要自己走下去，失败成功都是他要经历的。

父母只要有了"我是为你好""我走的桥比你走的路多"这样的意识，那么就是在控制而不是在管教孩子。

至于"老子说什么就是什么，你就得照办"的态度，教给孩子的是谁的拳头大谁说了算、蛮横即是真理的处事理念，想让他学会通情达理就很难了。

大人强迫孩子听话，表面上大人赢了，其实已经输了，失去了孩子的心，也让孩子失去了学习与别人建立和谐关系的态度和方法。

三、孩子的确不听话。

很多父母抱怨自己的孩子偏头偏脑，难以理喻。其实孩子偏是优点，在本质上他这是有主见。一个人如果对最亲密信任的人——自己的父母的话都不肯轻易听从，那么，他也不会轻易被别人牵了鼻子走。反倒是听话的孩子在家里盲从父母，在学校也会盲从老师，和朋友相处会盲从朋友，没有独立思考问题的能力，有时候惹了祸就是个大祸。

可以说，孩子偏强任性是一件可贺可喜的事情，说明他内心力量强大，在不顾一切地发展自己，将来他会成为一个有担当有主见的人。父母所要做的，不是去镇压他，而是无条件地接纳他。如果不是什么原则性的事情，不触及孩子的人身安全或者危害到他人，尽量给孩子探索世界的自由。

对待这类孩子，遇到问题帮他学会分析判断。和他一起讨论分析每件事情的前因后果，让他明了自己所做的选择会面临什么后果，并给他失败的自由。比如孩子吃饭喜欢到处跑，那么告诉他撒到地上的东西要自己清洁收拾，只要他弄撒了，就让他收拾好了再干别的，重复的次数多了，他自然就知道坐到桌子旁吃饭比较好。比如他天冷了不想穿大衣，那么让他知道不穿的结果要受冻，还可能感冒。他如果还是坚持不穿，那么他自己承担后果。折腾过几次，他自然就知道天冷加衣了。

当孩子做了一个父母不喜欢的选择，跟他讲清楚后果，他真的碰壁了，不用去说他，但是也不能心软迁就，一定让他去承担这个后果，他逐渐就知道权利与责任的关系。偏孩子往往越大越让父母省心，因为他们知道怎么去选择，也会认真考虑父母的建议。

总之，不管哪种类型的孩子，想让孩子听话的基本原则就是：像对待朋友一样对待孩子，态度尊重、理性。只要父母能用理性的尊重的态度对待孩子，无论多么不听话的孩子，假以时日都会变得认真考虑接纳父母的意见。

孩子心上的录音

露易丝·海是影响了成千上万人的作家、心灵导师，著作《生命的重建》一书全球销量超过了两千万册。在她的另一本书《启动心的力量》中，露易丝提到作家约翰·柏莱德乔的话："我们每个人身上都有一段长达25000个小时来自父母的录音，你认为这些录音中有多少小时在说你很厉害、你有多聪明、他们爱你、你可以做自己想做的事、你长大后可以成为伟大的人？而实际上，这些录音又有多少小时在用各种方式对你说：'不、不、不！'？"

露易丝说："所以，这就不奇怪了，我们总会对自己说：'不，我应该怎样……'因为我们正在回应过去父母给我们留下的录音。但是那些话只是录音，是你存在心里的录音，那并不是真实的你，你可以洗掉它，也可以修正它。"

作为父母，我们一方面要想办法"洗掉"自己心里留下的负面录音，另一方面，更要时刻注意在孩子的心上录上充满正面能量的录音，不去录负面的录音，因为那也许会导致孩子一辈子都活在自我否定之中。

我常常建议父母平时审视一下自己和孩子的说话方式，我们关注的是孩子的不足还是孩子的优点？是否觉得他不够努力不够好？是否在拿他和别的孩子比较？是否真的用心听孩子讲话？是否允许他有自己的想法……

父亲可以把母亲和孩子之间的谈话在他们双方都不知道的情况下录下来，反之一样，母亲把父亲和孩子的谈话录下来。回放出来，父母才会真正了解自己是在用什么态度和孩子讲话，明了自己的关注点在哪里，自己的语气是平等的还是居高临下的，是平和的还是挑剔的，是肯定的还是否定的。

有的孩子不愿意和父母交流，很多时候他反感的是父母说话的语气，那种认为他不够好的态度，才是他抗拒父母的真正原因。令人悲哀的是，虽然他极力抗拒，但是父母的否定态度，还是会根深蒂固地刻在他的心上，让他遇事不由自主地怀疑自己，还没等尝试就先失去勇气，败下阵来。

所以父母不要责怪孩子一事无成，是父母先把负面的录音刻在了孩子的心上；不要怪孩子不能飞翔，正是父母剪断了孩子飞翔的翅膀。

想要孩子成功，就在他的心上刻上肯定、鼓励、赞赏等正面的录音吧！

当孩子表达自己的意愿或者谈论对事情的看法时，尽管不同意他的观点，父母也别用"不，不要，不行，不能"等言辞对应，更不能有讽刺挖苦的言语和态度，不要让孩子有犯错的感觉或者觉得自己很傻很天真。首先用赞赏的态度肯定他，让他觉得自己的观点很独特，有个人见解，再进一步引导他深入思考，去完善他的想法。

如果父母自己从小没有得到过真正地接纳和爱，本身缺失了自我肯定，那么就很难做到接纳孩子。所以想在孩子的心里刻上正面的录音，首先要洗掉自己心上的负面录音。我们每个人的心里都累积了一些自我否定的声音，我建议父母们都去看看上面提到的露易丝·海的那两本书，她在书中给出了很多具体的操作方法，让人剥去伪装，面对真正的自己，修复儿时的心灵创伤，学会爱自己、接受自己。

是否接受孩子的检测办法

下面两个问题，能很快检测出父母是否真的接纳孩子。

一、你真心喜欢自己的孩子吗？对孩子满意吗？

1. 每天看到孩子，很开心、很幸福，很庆幸这是自己的孩子；

2. 对孩子不是很满意，认为他可以做得更好或者希望孩子有所改变：如果孩子能像某某某就好了，如果孩子能考第一就好了，如果孩子能有某个特长就好了……

答案如果是1，说明你接受自己的孩子

答案如果是2，那你还没有做到完全接受自己的孩子。

二、问问孩子，他认为爸妈喜欢他，对他满意吗？

很多父母觉得自己虽然对孩子不甚满意，但是表面上并不会流露出来让孩子察觉到。孩子其实很敏感，他知道父母对自己真正的看法。

孩子的答案往往更接近亲子关系的真相。

第四篇

家有儿女长在美国

三猪学加法

四岁多的三猪上了美国的幼儿园，幼儿园除了让孩子们唱歌跳舞、做手工之外，剩下的就是玩、玩、玩。虽然老师一直在讲这个年龄段的孩子是在玩中学，学习认识世界、学习和同伴的交往、学习礼貌、培养良好习惯……但是我们中国人理解的学习是学习文化知识，认多少个字，会做几道算术题。每次中国父母凑到一块儿说起这些，往往都抱怨美国的幼儿园什么都不教。

某天遇到一个和三猪同龄的中国孩子的妈妈，她说她儿子会做十以内的加法了，是她自己在家里教的。还问我是否也在家里给三猪上课，我摇头，她强烈建议应该自己教教孩子，孩子学起来是很快的。

三猪通过读书自己学会了认字，在幼儿园里经常因为这个被老师夸聪明，我还知道他数数能数到31。

为什么是31不是32？

因为在学校老师每天教孩子说当天的日期：今天几号，一周有几天，一个月有几天，周而复始，三十一之内的数都认识了也会数了。

不知道他懂不懂加法。有一天晚上吃完晚饭闲来无事，我试着问他："三猪，妈妈有一个脑袋，三猪有一个脑袋，我们俩一共有几个脑袋?"三猪看看我的脑袋，摸摸自己的，说："两个。"

嘿，这根本不用教就会了。

再来一个："妈妈有两只耳朵，三猪有两只耳朵，我们一共有几只耳朵?"让他数了数，四个。

出个难一点的："三猪，妈妈有十个手指头，三猪有十个手指头，我们一共有多少个手指头？"三猪伸出一只猪爪，看了看说："五个。"

"我不是问你你一只手有几个手指头，我问你我们俩合起来有多少个手指头。"

三猪还没有说话，一旁的猪爸开腔了："哪有你这么教的！给孩子介绍一个新的概念，要简洁清晰。你们两人四个耳朵合在一起有什么意义？又不是四个猪耳朵，放在桌子上，你两个，我两个，合在一起有四个。再说你用手指头让他算，一共四只手，二十个指头，有好几种理解，他会概念混乱的。"

我一听，赶紧点头说："老公，您数学好，也会教，给三猪介绍加法概念这个重要任务还是由您亲自来做吧，千万别因为我乱教给孩子教糊涂了。"

这就把教孩子算术的事儿给委托出去了，能者多劳。

其实，我教的办法是跟这里的老师学的。女儿凯丽上学前班时，我在她班上当义工，看到老师一直用实物让小孩理解加法的概念，根本不列算式，就是让他们数东西。脑袋鼻子耳朵这不是现成的东西吗？省的去找了，就拿来一用，结果被人批评成了猪耳朵。

晚上进卧室睡觉，听到爸爸和三猪躺在床上学习："三猪，爸爸有两个苹果，三猪有三只苹果，我们把苹果放到一起，一共有几个苹果？"

三猪："五个苹果"。

爸爸又问："爸爸有两条狗，三猪有四条狗，合起来一共有几条狗？"

"六条。"

然后，就听三猪奶声奶气地说："爸爸，轮到我来出题了。"

"我有一个小牛牛，爸爸有一个小牛牛，我们俩一共有几个小牛牛？"

　　我没绷住笑了出来，越想越好笑，爆笑……

　　老公也憋不住地笑："还不是你，用什么教不行，要用人体器官来教孩子算算术！"

　　三猪还在不屈不挠地问："爸爸，你还没有回答，我们一共有几个小牛牛？"

　　……

　　三猪的加法学习就此告一段落，谁也不教他了。因为我们都了解到他不仅理解了加法的概念，还会出题难倒老爸。

三猪对我的"晚教"

一天，我正在电脑前面码字，四岁的小儿子三猪跑过来拽我的胳膊，说他最喜欢的一个玩具不见了，问我知不知道它在哪里，让我帮他找找。

我摇头对他说我不知道。

他看着我很认真地说："妈妈，你不要说不知道，而是要说我试试。"被他说愣了，我挑起眉看着他，他看我还不动弹，又接着教育我："妈妈，你遇到问题时不要说'不'，应该说让我试试，我会尽力而为。"（You should not say "no". You should say "let me try", "I will try my best".）

他的语气和表情像极了老师循循善诱的样子，一定是幼儿园的老师经常这样对小朋友说话，被他学来了。

都说要对孩子进行早教，其实大人也要被"晚教"，接受教育自我成长是一辈子的事。父母养育孩子的过程也是自我提升的过程，我们从孩子身上学到的领悟到的并不亚于孩子从我们身上学到的。

所以我很受教地、郑重其事地点点头，起身到起居室帮他找玩具，还真的给找到了。

三猪很高兴地说："谢谢妈妈！"又加了一句："看，你试了就找到了！"

我忙搂住他点头道："对，你说得太对了，凡事都要尽力而为。"

遇到一件事，说"我不知道"和说"让我试试"，其实本质上都是不知道，只是后者表达了一种积极的、要采取行动的态度，就给人完全不同的感觉。

　　这应该就是我们常说的"态度决定一切"。老师家长如果对待孩子总是用鼓励的、正面的言语，就会培养出孩子积极向上的处事态度。

　　经常有妈妈问我，怎么样能让孩子有上进心？我觉得大人平时对待孩子，是看他的长处还是看他的不足，是鼓励他克服困难还是批评他笨、不够努力，是孩子是否有上进心的关键所在。

母亲节礼物

儿子三猪四岁多上幼儿园时，幼儿园在母亲节前开了一个聚会，邀请妈妈们参加。全班十六个孩子，有个孩子病了那天没去，其他的十五个孩子的妈妈都到场了，其中有个妈妈有事不能按时来，孩子的奶奶早早来了先顶上，可见家长们对孩子活动的重视程度。

一开始是小朋友们一起表演节目，老师把许多脍炙人口的儿童歌曲的词给改了，变成和妈妈有关的内容，比如一首歌唱道：

妈妈说你不能干这个，

妈妈说你不能干那个，

我知道妈妈虽然对我说"不"，

但她心里依然爱我，

因为爱我，所以管我。

唱得妈妈们心里都热乎乎的。

孩子们又唱又比画，一口气唱了八首歌，真难为他们了，要记住那么多的歌词和动作。

表演完后，每个小朋友都给妈妈送上了母亲节贺卡和礼物。

贺卡是孩子自己做的，剪成茶壶形的纸上贴了些小花和心形装饰，打开来，里面有一个茶包，还有一段话：

给妈妈：

这是给您的母亲节礼物。

我会在各方面都尽力做得好，当您还是不满意、对我生气的时候，请您放松放松，喝一杯茶。

我爱您。

三猪

妈妈们看着这个卡片都鸦雀无声，大概每个人都想到了自己对孩子冒火的时刻，是啊，孩子已经很努力了，不要求全责备吧，放松一下，喝杯茶。

第二个礼物是孩子的两个手印，上面写着：

我用我的小手探索世界，我把手印留在墙上家具上，您总是不断地跟在后面擦啊擦……

但是我每天都在成长，有一天，您会突然发现我长大了，所有那些让您烦恼的小手印全都消失得无影无踪。

这是我给您保存的最后两只小手印，将来的某一天，当您回想往事的时候，让您能够清清楚楚地回忆起，我的小手到底是什么样子。

三猪两岁的时候，幼儿园的老师也给孩子留了手印，我都留着呢，这次他说这是最后的手印，大概上学了就不再留了，所以真的是很珍贵的纪念。

第三个礼物，是一本关于三猪的书，封面中间是他的大头照。三猪用大量的图画和少量的文字在书里介绍了他的家庭和朋友，他的兴趣爱好。

最后一个礼物，是一张问卷，孩子自己回答关于妈妈的问题，下面是三猪的答案：

1. 妈妈最喜欢吃的食物 —— 胡萝卜
2. 妈妈最喜欢喝的饮料 —— 茶
3. 妈妈最喜欢看的电视节目 —— 玩具总动员
4. 妈妈最大的爱好 —— 读书
5. 你最喜欢和妈妈在一起做的事情 —— 一起玩电脑游戏
6. 你爱妈妈，因为 —— 妈妈给我很多拥抱和亲吻第三个问题很难为三猪，因为我几乎不看电视，他自己也很少看电视，有过几次我向他推荐"玩具总动员"的录像带，他大概以为是我喜欢才推荐给他的。

相比旁边那个孩子的答案，觉得自己在孩子心中的形象还蛮健康的，那个孩子说他妈喜欢吃的是热狗，喜欢喝的是啤酒。

参加这样的母亲节聚会，心里充满了爱和感动，孩子们真是天使一样，能够当妈妈是多么幸运的事情。

不劳动者不得食

三猪五岁时我从图书馆借回来一本书，名叫《奶牛说，"现在不行"》（*"Not Now", Said the Cow*），讲的是一个小乌鸦拾到了一袋玉米，喊他的朋友们来帮忙给种到地里。结果朋友们都以各种借口而推辞不干，小乌鸦只好回答说那么我就自己一个人干了。

后来他又喊他们帮着除杂草、掰玉米棒、剥皮、把玉米粒从棒上取下来、拾木头、点火等一系列的事情，每次朋友们都拒绝帮忙，奶牛挂在嘴上的话就是："现在不行。"小羊总是说他要睡觉，驴子仰着脖子问："为什么是我?"小鸡小兔小猫小马都各有理由，每一次，小乌鸦都说那好吧，我自己来干。到最后，香喷喷的爆米花出炉了，朋友们的口气都变了，都想来尝一尝。小乌鸦摇头说不行，他列举了自己从头到尾所干的活，说现在这些爆米花也是要由我自己来享受。

这本书三猪自己先看了一遍，觉得有意思就来找我读给他听，因为我会模仿动物们说话，语气表情各不相同，每次都逗得他哈哈大笑。读完这本书，我问他："你说这些动物是否应该吃爆米花?"他摇头说不应该。我问为什么，他说他们都没干活。我说对，不干活就没有资格吃东西。

过了一会儿，三猪来找我，站在我面前，欲言又止。

我问你有什么事?

他看着我，眼神里带着几分紧张、几分不安地问道："妈妈，我没干活，是不是我也没有资格吃东西?"

他的话还有他的表情把我的心都拧起来了，这孩子太敏感了，看了书就把道理联系到了自己身上。赶紧把他搂过来抱住，一边飞快地绞尽脑汁地想他平时都干了些什么，然后对他说："三猪，你干了很多活呀！你每天都收拾玩具，自己刷牙、洗澡、穿衣服，你上学自己拿书包，每天都学习新东西，你每天都拥抱亲吻爸爸妈妈，你给我们带来了太多的快乐，你看，你干了多少事情！你当然有资格吃东西，你有资格吃最好最好的东西！"这时候我的口吻用词已经接近琼瑶书中的人物了。

他听我这么讲，如释重负地"噢"了一声："我是干了不少活，那我可以随便吃东西了。"我连连点头，为了让他安心，差点把玩游戏都算作他的工作成绩了。

以前和他一起看过一本《小红母鸡》的书，内容和这本书很接近，他那时还小，还理解不了故事的内涵，所以没有什么感觉。这本书却引起了他的思考：自己也没有劳动，是不是也没有权利吃东西呢？

我顺势就开始培养他干家务活，让他帮我擦地毯上的污渍，擦墙上的灰点，擦卫生间台面……他干得可欢了，天天拎着块小抹布找能擦的东西擦。由书中传达出的"不劳动者不得食"的观念，对孩子的教育效果真是好。

妈妈是万能的

一次领三猪到图书馆借书，我们俩各自闷头找书。一会儿他拿着本书过来跟我说："妈妈，你读这本书给我听。"我接过书，和他在沙发上坐下，翻开第一页，一下子就傻眼了。

跟他说："孩子，这本书妈妈读不了，你去换一本吧。"

"你能读，我想看这本书，你读嘛！"

"这书妈妈真的读不了。"

"怎么还会有你不会读的书？"

"儿子，这是本西班牙语的书，妈妈不懂西班牙文，所以读不了。"

"西班牙语？不是，你看这都是英语，我都会读。"

西班牙语和英语单词有的完全一样，每一行文字里都夹杂了几个和英语拼写相同的单词，所以三猪说他能读。我说那好，你读给妈妈听吧。

三猪勉强读了几个单词，读不下去，又塞给我："妈妈你能读，你试一试，尽你最大努力！"这也太高标准严要求了，无论怎么努力我也不可能在一夕之间就学会了西班牙语呀！

孩子的信任，也不能辜负了。接过书，看着那个画面，我就照葫芦画瓢，揣摩着意思边看边编，很快把一本书讲了下来。这也有好处，怎么编都随我，反正他也看不懂，不像英语书，念错了个单词还要给我纠正。

他听完之后，意犹未尽，翻着书自己又看了一遍，然后把书放到我手里："妈妈，把这本书借回去，回家咱再接着读！"

借书

我从小就怕蛇，不明原因就是怕，那种深植于心的恐惧，难以言说。全家去动物园玩，每次到了爬行动物馆总是他们几个人一起进去参观，我坐在外面等。

有一次从动物园回来后，和女儿凯丽、儿子三猪一起到图书馆去借书。我借好了书之后到儿童书区找他们，远远看到俩人一个坐着一个跪着在书架中间聚精会神地看书，地上还堆放着一摞书。

我走过去，不经意地瞄了一眼三猪正在看的那本书，差点失声尖叫起来：那是一张高清晰度的蛇的照片，花花绿绿地极鲜艳，活灵活现，令人不寒而栗。我浑身呈痉挛状倚在书架上，使劲用手环住胳膊压下要尖叫的冲动……不敢再看向他们手里的书，盯着凯丽的头顶问是否已经选好书了。凯丽抬头回答选好了，然后手一指："就是地上这些书。"我快速地瞄了一眼，大本小本的，都是和蛇有关的，封皮都是彩色的各种盘旋形状的蛇。

想到以后的一两周时间在家里随时都可能看到这些恐怖的图片，我的头皮都开始发麻了。我尽量用平静的语气说："这些书你们在这里看完了就行了，不用借回家了吧?"

凯丽和三猪同时说："我想借，想回家再仔细看看。"

我绞尽脑汁地琢磨着怎么说服孩子别把那些书借回去，心里却浮起另外一个念头：在孩子们的眼里，蛇和其他动物没有什么不同，如果我对此大惊小怪并表现出异样的排斥，也许就会把恐惧传递给他们，使得他们也对蛇敏感起来了。

于是我对凯丽和三猪说："妈妈不喜欢爬行类的动物，你们借这些书回去，要把它们放在自己的屋子里看，如果拿到客厅看，看完之后要记得都给收回去。如果你们能做到，就借，做不到，就在这里看。"

两个孩子都说好，能做到。凯丽还很体贴地自己捧着书去登记，不让我靠前。于是我们就借了一摞花花绿绿的蛇的书回去了。

两个孩子信守诺言，到家后就把书拿进了自己屋里。

我很欣慰孩子们并没有受到我的不好影响，他们看待蛇跟其他动物一样，不用忍受我所经历的那些过激反应。

三猪的职业理想

小儿子三猪四岁多的时候，我偶尔问起他长大了以后要干什么，他说要当"milkman"，就是给每家每户送牛奶的人。那时他迷上了一个很老的卡通片《Toby the Milkman》，讲一个送牛奶的人在送牛奶的过程中种种搞笑的故事，他就觉得送牛奶的工作简直太有意思了。

听了他的理想，我连连点头笑着说："太好了！妈妈到时候一定去订你的牛奶喝。"

后来他搞清楚了现在已经没有"送牛奶"这种工作了，人们都是到超级市场去买牛奶喝，所以他的职业理想又改成了要当邮递员。

我问他当邮递员有什么好玩的呢？他说邮递员挨家挨户往信箱里取信送信，帅呆了，而且他们开的那个小白车很酷，车的方向盘的位置和一般的车不一样，是在靠近路边的一侧。

我就答应他说："等你当了邮递员，妈妈会到你送信的那个地方去住，还让朋友们都给我写信，这样你可以亲手把信送给妈妈了。"

有一段时间他迷上了恐龙，看了很多有关恐龙的书籍，积攒了很多恐龙玩具，我还领他到博物馆去看恐龙化石。有一天，他告诉我他长大了要当一个考古学家，专门去挖掘恐龙化石和恐龙蛋。

我说："好啊，妈妈到时候去参观你挖出来的恐龙化石，还会告诉周围参观的人，那是我儿子三猪挖的。"

适逢夏日，他在室外活动的时间非常多，玩完了很饿，进屋抓起东西就往嘴里送，我总是提醒他要先洗手再吃东西，于是他对洗手这件事就有点心生抗拒。一次在看挖掘化石的书时，他突然意识到挖恐龙是要和泥土打交道，工作环境都在土里。他一下子就不干了，扔下书说不要当考古学家，因为工作一天下来不知道要洗多少遍手，太麻烦了。

三猪渐渐长大，我在做饭的时候经常让他帮忙，开始的时候就是做些最简单不会出错又让他有成就感的活，比如往炒好的花生米上撒盐，做葱油饼时往面上撒盐撒葱花，后来让他帮着我包饺子、包包子。他很喜欢用面团创造出各种动物造型来，觉得比玩橡皮泥有成就感，因为做好的东西可以蒸熟、煮熟了吃。

然后他的职业理想就因此变成了将来要去当大厨。因为厨师可以想怎么做菜就怎么做，想做什么好吃的自己就可以动手做。

我说："好啊，等你当厨师了，妈妈一定经常去你工作的餐馆吃饭。"

他要当厨师的理想坚持了有一年多。有一天突然跟我说，以后他要去设计游戏。

因为他很喜欢玩的几款游戏，都有让他不满意的地方，往往游戏玩到一半，他就拿过来纸笔，自己写写画画，不同动作的人物造型跃然而出。我问他画的是什么，他说那是他设计的游戏中的人物，怎么讲话，怎么打，在什么背景下，水里会冒出来什么怪物，天上会飞来什么东西，说的我云山雾罩。只好频频点头说："看样子很有趣，你好好把这些收起来，以后等你学会计算机语言，会编程序的时候，你就可以让它们呈现在游戏里了。"

所以他现在的职业理想已经变成要当游戏设计师了。

孩子越小，他的心越自由自在，可以天马行空地想象自己的未来，没有任何的约束和界限。小时候孩子的兴趣不断地在变化，他会通过对世界的认识而不断修正、改变自己的梦想，直至找到真正的兴趣所在。父母不要因为孩子的梦想和自己的期望不一致而去压制他，给孩子自由选择的权利，相信孩子，他一定会找到属于自己的成功之路。

三猪和我谈判买游戏机

三猪从朋友家回来，闷闷不乐，跳到我身上，搂着我的脖子说他想要个DSI游戏机，因为小朋友一起联网玩，他没有，只有旁观的份。

记得当初给凯丽买DSI的时候三猪就想要一个，当时他才五岁多，不想让他玩太多游戏，所以就跟他约法三章，说凯丽是十岁才买的，所以他也要等到十岁的时候才能买，他暂时先玩哥哥的game boy，凯丽也答应她不玩的时候弟弟可以玩，三猪都答应了。现在因为别人都有他开始不淡定了。

我们家对待孩子的需求一直遵循的原则是：生活必需品父母无条件供应，精神生活的要求也全部满足，额外想要的东西可以在节日时提出，我们会以爷爷奶奶姥姥姥爷七大姑八大姨的名义送，平时想要什么得自己去赚或者争取，所以三猪来跟我谈判买DSI。

"妈妈，我以后每天都吃青菜，你给我买DSI好不好？"

我回答说吃青菜你自己身体好，和买游戏没有什么关系啊！

他想了想又说："那我以后玩完玩具都会收拾好。"我再摇头："那是规矩，你必须遵守的。再说你不收拾玩具我就会收拾，我收拾的结果就是你再也看不到那个玩具了，这也不是买DSI的条件。"

他皱眉冥思苦想了片刻，说："妈妈，我以后每天都更爱你，一直爱你，很多很多，一直到永远。"我感动地紧紧地抱住了他，说："妈妈也是一直都爱你，一直到永远。"说完了意识到，我们俩还是扯平了啊！这也不是条件啊！

可看着他全然信任的眼神，看着他纯真的小脸，这话是无论如何也说不出口了，心里一软就想答应周末去给他买了。

突然想起前两天凯丽给我提的意见。

那天，她喊我到她电脑上看一个讨论节目，主题是"宠孩子的几大坏处"，几位美国育儿专家们七嘴八舌地在论述宠孩子的诸多弊端，比如会让孩子没有责任感，没有担当，自私不合作以及对孩子未来生活的恶劣影响，都认为宠溺过度的孩子以后的生活不易幸福等。节目的节奏很慢，我耐着性子给看完了，转头问凯丽为什么让我看这个节目，是我对他们几个偏于宠溺了吗？

她回答："你不宠哥哥，对我嘛，正好。不过你有点宠三猪。"

我问："你觉得我在哪方面宠他了？"

"你给他买太多玩具了！"

想起凯丽那天说的这句话，好比一盆冷水浇在头上，我冷静了下来。

三猪的甜言蜜语实在是太动人，我差点就被迷魂汤灌晕了，不过他的玩具确实是够多的了，因为是最小的一个，亲戚朋友都宠他，经常给他买玩具，而每次上街他都能找出理由让爸爸给他买玩具。

所以，我硬起心肠对他说："妈妈也爱你，也会永远爱你，但是这些不是妈妈要求你做事的条件。你爱妈妈也不应该成为你要求妈妈买东西的筹码。说好了等到你十岁的时候再买，我们都要说话算数。你现在有电脑还有Kindle Fire玩，已经很不错了，很多小朋友并没有，是不是？谁也不能得到所有的东西，享受你自己有的就好了。"

"如果你想提前买DSI，还有一个办法就是帮妈妈干活，自己挣钱买。"

三猪还是有点不甘心，不过看我很坚定的样子，点点头说："好吧，我自己挣钱买。"

他随后就开始帮我做家务活挣钱，因为家里有两个大孩子，所以轮到他干的活很有限，我会尽量留点活给他干，比如帮我把衣服放进洗衣机烘干机里，帮我叠衣服，把碗筷从洗碗机里拿出来，擦楼梯，擦地板。每擦一次地板可以挣一块钱，我和他一起算了算，擦半年就可以买DSI了。

只是当年的圣诞节，朋友听说一起玩的孩子里只有他没有DSI，就送了他一个。不过他还是养成了擦地的习惯，后来不给钱也习惯性地去擦。

尊重换来尊重，听话换来听话

三猪很喜欢Pokemon和 Yu-Gi-Oh!，收集了很多相关的卡片。我看着那些怪里怪气的形象和根本不存在的动物图案，实在是搞不明白他为什么会对它们有那么大的兴趣。可他就是喜欢，我也就尊重认可他的喜欢。我对他那些宝贝不做任何负面评价，还会在他过生日、过圣诞节时买他没有的卡片送给他，帮他与小朋友交换卡片，他上网看相关的录像时我也不打扰他，总之对他的爱好不说二话，全力支持。

孩子们喜欢吃奶酪，我觉得那真是最难吃的东西了，不过我还是买来各种不同的奶酪给他们品尝，他们喜欢吃的我会按时买回来，不去强求他们跟我的口味一致。

有一次我在中国超市买了一瓶很地道的臭豆腐，吃饭的时候，我挑出两块津津有味地吃着，那真是闻着奇臭吃着真香啊！三猪捂着鼻子大叫："这是什么东西，太臭了！"但是他没有去否定我，说妈妈你别吃了，而是笑着问："妈妈，这么臭的东西你怎么吃得下去呢？"后来和他一起去中国超市，他会指着不同品种的臭豆腐问我："妈妈，这个是不是你喜欢吃的臭豆腐，家里还有吗？你需不需要买？"

因为我接纳他与我的趣味和审美观等的不同，所以他也学会了尊重我"奇怪"的饮食习惯。

每当孩子们心情不好的时候，我告诉他们可以一个人待一会儿，做点自己想做的事情，需要我做什么就告诉我。我也会给他们做点好吃的东西，和他们一起看看滑稽录像或者轻松的电影等转换一下心情。等到我心情不好或者很累的时候，孩子们也会理解。他们知道每个人都有这样的时刻，都会尽量不打扰我，让我好好休息。

我理解他们的感受，他们也理解我。

朋友家的两个孩子对妈妈的话言听计从，可是对他爸爸的话就有点充耳不闻，朋友说那是因为他们两人对待孩子的态度不同所致。

她要求孩子做到的，她自己也尽力做到。比如她家九岁的大儿子喜欢一边吃饭一边看电视，她规定吃饭时必须关上电视，专心吃饭。老大不服气地说："妈妈你吃饭的时候还看手机呢！和我看电视有什么不同？"她回答儿子："妈妈以后也专心吃饭，不看手机，咱们互相监督。"当老大吃饭忘了关电视，她会提醒，而当她有时候吃饭时又看手机时，孩子也会说："妈妈吃饭时不能看手机，要专心吃饭。"她就把手机放下，一心一意地吃饭。她家六岁的老二常常大声说话，她总是提醒他说话要小点声，可当她着急的时候，说话声音也会提起来，老二就会学着她的样子提醒她："妈妈，我就在你旁边，你小声点说我能听见。"她会立即说声抱歉并放低了声音。

因为她尊重孩子的意见，所以孩子们也听她的话。

她老公比较大男子主义，老婆说话都不大肯听的，孩子如果提出什么反对意见更是不能接受。比如他吃饭时嘴巴会出声音或者含着饭就说话，孩子按照美国人的餐桌习惯提醒他"爸爸你吃饭不要发出那么大的声音"，或者说"爸爸请你把嘴里的饭咽了再说话"。他就会恼羞成怒，大声斥责孩子毛病多，饭都堵不住嘴，孩子们就委屈地不再多说什么。而当爸爸批评孩子的时候，孩子看看他，依旧我行我素，不加理睬。如果爸爸发火了，孩子就跑开了。

父母能否以身作则，接受来自孩子的批评，决定了孩子能否接受批评，父母尊重孩子，孩子才能学会尊重自己，尊重别人。父母要先听孩子的话，孩子才会听话。

十岁的女儿有了"男朋友"

女儿凯丽五年级时，我到她的班上帮助组织春季聚会，发现了一件有趣的事儿。

凯丽和邻座的小男孩，两个人的关系那可真叫"铁"啊，课间一直叽叽喳喳地在一起说话不说，等待上课的时候，两个人还各自枕着自己的一条胳膊，脸对脸地趴在桌子上讲！

两个孩子一直挺有缘分的。这里的小学每学年都把学生打乱了重新分班，学前班加小学六年下来，基本上全年级的同学都在一个班里呆过，互相都认识。而这个男孩和凯丽一共同班过三次，今年的座位还紧挨着。

我没事时经常会问问凯丽，在学校里谁是她最好的朋友，等到我到学校去做义工时就会观察一下对方是个什么样的小孩。她今年一直就说这个男孩是她最好的朋友。他们俩三年级班时，男孩的弟弟三岁，他妈妈带着弟弟也到学校做义工，我们经常可以见面。现在她不来了，估计是孩子大了又出去工作了。那时凯丽和男孩彼此都参加过对方的生日聚会，关系已经挺好了。

只是没想到如今会发展得这么好 —— 好到排队的时候，那个男孩很自然地把手搭在凯丽的肩上，貌似搂着她一样。

我盯着女儿肩上的那只小"狼爪子"，怎么看怎么觉得扎眼。

说起来做父母的有些心思真的很微妙，没有体验过自己都意识不到。儿子上高中有小女朋友那会儿，我这当妈的别提多高兴了，帮儿子给女朋友选礼物，那种快乐幸福感，别有一番滋味在心头。而今看到女儿和男孩很要好，心里却没来由地有点不大舒畅。不知是他们年纪太小的关系，还是因为自家孩子是女儿，所以护卫的心理占了上风？

搞活动的时候要求两个人一组，他俩很自然地就组合到一起。

我仔细观察着，凯丽也和别的男孩女孩说话，只是和邻座男孩说的话是和其他人说的话总和的十倍还多。

两个人真有共同语言。

那男孩很有礼貌，也很会讲话，看到我和三猪，先跟我打招呼："陈太太，很高兴见到你。"然后大叫着三猪的名字，说他又长大了些，问三猪是否还记得他。

活动间隙我和男孩聊天："××，凯丽一直提起你是她最好的朋友，那么凯丽是不是你最好的朋友？"男孩说："当然了，至少在女孩里面她是我最好的朋友。"

然后还很热切地提议："陈太太，我希望什么时候可以邀请凯丽和三猪到我们家来玩，我有个小表弟和三猪一样大，他可以和三猪玩，我和凯丽可以一起看个电影、聊聊天什么的。"

这是要去约会了吗？我很诚恳地跟他点头说："好啊，如果你父母同意的话，也欢迎你到我们家来玩。"在自己家玩到底是放心些啊！

回来后，想起女儿和男孩相谈甚欢的样子，不由地心生感慨：吾家有女初长成啊！

记得大儿子在高中时有一门选修课叫"如何交朋友"，这门课其中的一个主题就是怎么去交男女朋友，看上了人家怎么表白，谈不来的时候如何平和分手。孩子们通过理论知识的学习，开诚布公的讨论，会学着比较理性地去看待感情问题，会在荷尔蒙最旺盛的时期减少因为感情问题带来的折磨和伤害。

男女关系的处理是人际交往能力中最重要的一部分，孩子具备此能力在人生路上可以少走很多弯路也少吃很多苦头。这个能力也是需要培养和锻炼的。

女孩子从小交异性朋友的好处多多，越小越纯洁，越容易打入"敌人"的内部。等到了情窦初开的时候，早已知道男孩是怎么一回事儿，知道如何与男孩打交道，也会区分得开谁是普通的异性朋友，什么情况下自己才是真正动心了。遇到喜欢的人可以落落大方地去交往，自己不喜欢的追求者也能不伤感情地拒绝。即使感情上出现波折，也知道天塌不下来，不至于影响正常的学习和生活。

男孩也是一样道理。

凯丽玩游戏

凯丽小学毕业的那年夏天，我们和几家朋友一起回国旅游。一个男孩有个DSI游戏机，一有空闲时间几个半大的孩子都围着他，看他玩游戏。这个男孩有时会让别的孩子玩玩他的DSI，可是不让凯丽碰。越不让玩越觉得是好东西，凯丽因此很郁闷，有一次都气哭了，对我说那个男孩太坏了。我劝她说，那是他的东西，他想给谁玩就给谁，不能说人家给你玩，就是好人，不给你玩，就变成坏蛋了。别人的玩具并没有义务非得让你玩。你想玩，就要想办法去说服他，投其所好也好，威胁利诱也好，总之要让他自己愿意才行。

一路上凯丽都没能想出办法来说服那个男孩，所以没玩到一下，只有看别人玩的份，这期间她一个劲地跟我嚷嚷着给她也买一个。

回美国以后，很快就到了她的生日，我问她今年的生日想怎么过，她说什么也不要，生日聚会也不开，就要一个DSI游戏机。

我们在她生日的前一天去商店给她买了一个最新型的DSI。

这下子她就扑在了上面，天天什么也不干，就是玩DSI，有时候玩到半夜十一点还不睡觉，倚在床上玩，第二天早晨起不来床。我提醒过让她按时睡觉，她有时听有时不听。想到是假期，她又对DSI新鲜着，所以这样疯玩，我并没有多加限制她。

自从她玩了这个东西以后，我才注意到，原本以为是男孩的玩具，其实周围的小孩们都有，包括女孩们。他们在一起人手一个联网玩，大呼小叫，好不过瘾。有一次凯丽的一个女朋友特意打电话来告诉凯丽某个游戏她打过了第几关，凯丽赶紧取经，两个人在电话里叽叽喳喳聊了半天，兴奋得不得了。

有点后悔给她买晚了，让她少了很多乐趣。

经常有朋友问我是否该给孩子买游戏机，不买的理由都是怕孩子上瘾。我觉得还是应该买，孩子一直受限制，一旦有机会接触了，就会变得如饥似渴，反倒更容易上瘾。何况大家都有的东西，自家孩子没有，他会很难过，会失落，大家谈论起游戏的话题，他插不上嘴，会有被朋友们隔离在外的感觉。如果父母和孩子都把游戏当做是日常生活的一部分，以平常心对待，孩子自己就会调整玩的时间和频率。毕竟好玩的东西太多了，何况人本身有社交的愿望，孩子们都愿意凑到一起玩，就是个很好的证明。

以前听朋友说游戏玩得好的小孩在学校里吃得开，因为大家都在玩的东西，你水平高，别人都佩服。孩子们下课凑在一起交流经验，不愁交不到朋友。看到凯丽和朋友们一起玩游戏的情景，我相信真是这样，孩子们自有他们的世界和沟通的渠道，现在游戏已经变成了其中之一。

等到快开学了，凯丽的世界依旧被游戏占领着，我跟她说："开学后你就忙起来了，我想立个规矩，你只能在周末玩DSI，平时就不玩了，你觉得怎么样？"

她想了想，问我："如果我作业都做完了，琴也弹完了，不能玩吗？"我说玩游戏让人很兴奋，睡觉前玩会影响入睡，很难保证睡眠时间，平时还是不玩吧。周五晚上、周六周日可以玩三天呢，几乎是一半时间了。

她点头同意了。

有一天晚上，不是周末，我进她的屋子放洗好的衣服，发现她在屋里玩游戏。放下衣服坐下来和她心平气和地谈话："你已经上初中，是大孩子了，现在你每天自己早早起床、处理自己所有的事情，非常有责任感，妈妈很为你自豪。妈妈现在还跟你立一些规矩，是因为你还没有完全长大，还在学习自我控制，等到你越来越大，你的事情就会完全由你自己来做决定，包括什么时候玩游戏。但是现在，我们说好了平时不玩游戏，你还是要遵守的。"

她听了我的话，有点不好意思了，赶紧把游戏机收了起来，洗洗睡觉了。

后来又有一次发现她在晚上玩游戏，我又开导了她一番，游戏机依然她自己保管，再也没有看到她平时玩。周末她要练球踢球还要跟着我们参加很多活动，朋友们也来找她进行室外活动。我到图书馆为她借了很多好书回来，她自己在学校也买了许多新书，读书占去了很多时间，渐渐地我发现她周末玩游戏的时间也越来越少了，有时一个周末都不摸一下。

原来有点担心她开学后还和假期一样疯玩游戏，看来没有必要。我暗自观察她的那些朋友们，开学后也都收了心，不那么疯玩了。

父母只要信任孩子，适度地督导，大胆地放手，孩子自己就会安排好时间，什么事情重要先放到前面，他们心里其实都非常有数。

上医治未病，对于孩子玩游戏上瘾的问题，我觉得父母要在尚未上瘾之前就介入，不是去严格限制游戏时间，那只是治标而不治本，而是要有意识地让孩子学会自我控制，让他自己学着管理自己的生活，同时还要找到孩子喜欢参加的其他活动让他参与，让他的生活内容变得丰富多彩，不要让游戏变成孩子唯一的快乐。更重要的是，不要在学习上给他超过他承受能力的期望和压力，从而使游戏变成了孩子逃避压力的避风港，那样的游戏瘾是最难戒掉的。

自我管理

前面讲到凯丽在暑假的后半段买了游戏机，开始疯玩游戏，有时玩到半夜不睡觉，早上九点还不起床。我心里有点犯嘀咕，开学之后她就要上初中了，早晨七点就得去等校车，到那时她能起来吗？有时晚上看到她房间的灯还亮着，我会敲门提醒她该睡觉了，她睡没睡也不知道，反正她经常起床很晚。

我觉得她既然上了初中，日常生活不应该再依靠家长的督促约束，她应该逐渐学会管理自己的生活才行。于是在开学前我告诉她，从现在起她一切都要自我管理，晚上我不会督促她睡觉，她自己说了算，想什么时候睡都可以，早晨我也不会再去叫她起床。

等到开学了，看出假期疯玩的后遗症了。她晚上早早就上床睡觉，可是生物钟一下子调整不过来，上了床却一时半会儿睡不着。自己设了闹钟，早晨跟着闹钟铃声勉强爬起来，困得晕晕乎乎的，穿衣服都闭着眼睛。

刚开学没几天，有天早晨快七点的时候我醒了，没有听到凯丽进进出出的声音，起床推开她房间门一看，她还在床上呼呼大睡着，赶紧把她叫了起来。她急忙洗脸刷牙穿衣服，可还是晚了，没有赶上校车，爸爸开车把她送去了学校。

一早晨，她都很沮丧的样子，没有开口讲一句话。我和她爸也都没有多说什么，她自己既然已经知道错了，父母就没有必要再去指责批评她。

那天八点钟的时候，我听到从她的屋子里传出来嘀嘀嘀的声音，进去一看，是闹钟在响。原来这孩子把闹钟设错了时间，难怪早晨会起来晚了。

下午放学回来，我告诉她闹钟的事儿，她说我也奇怪今天早晨闹钟怎么不叫了。从那以后，她每天晚上都仔细检查闹钟，晚上一到八点就放下所有的事情，先去洗漱好，再把第二天要穿的衣服都整理出来放到床边，随后看一会儿书，不到九点就关灯睡觉了。

开学一周就进入了早睡早起的良性循环，再也没出现过赶不上校车的情况。

早餐也是她自己准备，我把各种食物都买回来，每种东西放在哪里她都清楚，我随意问过几次，似乎她每天吃的都不重样。

因为我晚睡晚起，所以现在凯丽早晨什么时候起床，什么时候出门我基本上都不知道。哪天我或者她爸起早了，给她煎个鸡蛋当早餐，她也挺高兴。

圣诞节前夕的一个周日，朋友邀请我们去参加圣诞聚会，大儿子说要准备期末考试不去了，凯丽犹豫再三，告诉我们她也不去了，因为第二天要上学，她要早早睡觉。

她很喜欢热闹，却因为怕上学迟到而放弃了参加聚会。她的自我管理能力已经超出了我的预期。由此可见父母要做到适时放手，孩子才有机会成长。

凯丽的房间

五岁时，女儿凯丽拥有了属于自己的屋子。那时总是我帮她收拾，房间尚能保持整洁。后来她年纪渐长，有了隐私的意识，就不大愿意别人随便进她的屋子了，我们进屋前都要先敲门。她尤其不喜欢弟弟三猪进去，因为三猪会拿她的玩具玩，还会把东西动乱了弄坏了。她上学的时候，会把门锁上，还在屋门上贴了个大纸条："此屋不许男孩进！"

她的房间渐渐变得乱七八糟起来，桌子上、床上、橱柜里到处都是东西，甚至地上都摆满了她的"作品"，有时连插脚的地方都没有。

她不让我碰她的那些"宝贝"，所以我也没法再替她打扫，她自己又不收拾，结果就是屋子越来越乱，越来越难以入目，我经常为了卫生问题和她磨口舌。

三年级的时候，她邀请了几个小朋友周末来"sleepover"，就是请朋友来家里过夜，睡到她屋子里的地上。这是美国小朋友几乎人人都要体验的一项活动，在好朋友家里过夜。我说你必须把房间收拾整齐了，否则小朋友怎么来睡觉呢？她说到时候把东西挪开就行了。可是屋子里实在是太乱了，也太脏了，至少得吸吸尘吧？我趁她上学不在家的时候，花了一下午时间把她的屋子彻底地打扫了一遍，虽然累得腰酸背痛，不过看着整洁的屋子顿觉赏心悦目。

那天凯丽放学回来，进了屋后大叫一声，然后大声喊我过去。我心想她这是要向我表达一下她的惊喜和感激之意了，轻松自在地走过去，却发现她满脸通红，眼含泪水地站在那儿。

"你怎么了？"我问。

"妈妈，你为什么要动我的屋子？你把我的东西都放到哪儿去了？"

"明天有孩子来睡觉，一定要把屋子收拾出来才行啊！你的东西我没扔，都放在柜子里了。"

她打开柜子，仔细查看了我收拾在几个袋子里的东西，一样一样地又都给拿了出来。

我阻止她说："不行，你不能再把这些都铺在地面上，屋子太乱了，小朋友没办法睡觉。"她说："你觉得乱，可是这些东西我放的都是有规律的，在我眼里一点也不乱。你动了之后才乱了，因为我都找不到了！"

我火气冒了上来，指着屋子说："你有没有整洁的概念，你看看现在这叫乱吗？"她看我脸色不悦，眼泪就"哗哗"地流了下来，说："妈妈，你不懂，我就喜欢把东西放在自己随时可以看到拿到的地方，请你不要再收拾我屋里的东西了！"

看她伤心的样子，我意识到自己的做法伤害了她。她正在情绪中，不是和她讲道理的时候，我转身离开了屋子。

那一周正好开家长会，凯丽三年级的班主任是个很有经验的老教师，凯丽很喜欢她，上了四年级以后，还每天早晨都去跟这个老师打招呼，互相给个大拥抱再去上课。

我和老师见面的时候就把凯丽房间脏乱差而又不让我收拾的事情跟老师讲了。老师笑着说："我女儿小时候也是这样，东西乱扔，她的房间不让我进去。现在她结婚了，你猜怎么样？她家比我家还要干净整齐呢！"

"那你是怎么把她教育好的呢？"我问。

老师说："我没有教育她，我只是跟她订了规矩：家里公共的地方，比如起居室、客厅、厨房，不准她乱丢东西，她自己的房间，她爱怎样就怎样。"

　　我有点疑惑："她爱怎样就怎样，那不是越来越乱吗？她怎么现在会变得整洁起来了呢？"

　　老师回答说："父母的行动比言语对孩子的影响大得多，只要你们家平时都很整洁，到时候孩子自然就会变得和你一样的。"

　　她又补充说："孩子的屋子是她自己的领地，大人就让她自由支配好了，孩子需要有一块不被打扰的空间。"

　　我觉得老师说得很有道理，她的意思就是咱们中国人讲的"身教重于言教"，如果一个孩子来自于比较整洁的家庭，那么她的卫生习惯也不会太差。

　　于是我也跟凯丽订了规矩：家里公共的地方要保持整洁，她自己的房间自己负责，我以后不会擅自去动她的东西，但是至少一周需要彻底吸尘一次，如果她不做，那么我要做，如果她不想东西弄乱，就自己把地上的东西收拾好。

　　后来，她的屋子呈猪窝状好几年，有时说起谁的房间乱，她还会问："比我的房间还乱吗？"让我哭笑不得，原来她也知道自己房间乱呢。

　　凯丽今年就要初中毕业了，有一天我突然发现，她的房间比以前整洁多了，原来不知不觉间，那个叽叽喳喳的小女孩已经长成大姑娘了。

　　我对她的潜移默化的影响已初见雏形。

"羊妈"的选择

相对于"虎妈",我是个把孩子们放羊的"羊妈",很少去逼迫孩子,教养孩子的基本原则就是自己的事情自己做,自己的事情自己负责,无论生活上还是学业上,都是如此。我的角色就是站在他们的身旁,需要的时候,就伸手帮一帮。

凯丽一直在学校乐团里拉中提琴,我没有请老师给她额外上课。朋友的儿子在学校乐团里拉小提琴,去年考上了我们州的青少年交响乐团,考试时朋友全程都在场观看,回来后她跟我说,拉小提琴的孩子太多了,竞争十分激烈,而拉中提琴的孩子很少,水平差不多的就能被录取,你如果给凯丽请个老师稍微训练个一年半载的,她明年去考青少年乐团肯定没有问题。

我跟凯丽提起了请老师辅导她学中提琴的事儿,她有点勉强,觉得自己在学校的课间时间去拉拉就挺好,不想再额外上课练琴了。我做她思想工作,说是多参加一些团体活动会结交新朋友,参加州的乐团会开阔眼界,她被我说得心动就点头同意了。

于是我就联系了老师,约好了第一次去上课的时间。

就在这时,凯丽的一个朋友去练跆拳道了。跆拳道训练馆提供给没学过的人一次免费体验的机会,朋友鼓动凯丽也去体验体验,她动心了,跟我讲起这件事,我说好吧,就在她朋友上课的时间送她去体验了一次。没想到凯丽一下子就喜欢上了,说她也想学跆拳道,要和朋友一起去上课。

我仔细查看了跆拳道馆和她朋友的上课时间表,跟凯丽说:"你学中提琴的时间和上这个课有冲突，如果两样都学的话，你课余时间就全排满了，你大概只能选一样才行，我倾向于你选中提琴，因为我们已经跟教中提琴的老师约好了。"

凯丽有点犹豫。

我又给拉琴加了加码说："你学中提琴，明年可以去考青少年交响乐团，考上了以后会有很多出去表演的机会。"

不加码还好，这一加码，凯丽立即下定了决心："妈妈，我要学跆拳道，不学中提琴了。"

我问为什么。

"我不喜欢出去表演，我在学校里表演就行了，学跆拳道更有意思。"

兴趣是最好的老师，我尊重了她的意愿，万分抱歉地给提琴老师打电话取消了课程，在跆拳道馆为她交钱报名了。

于是，她开始了练拳踢腿，在地上翻滚肉搏向着黑带高手"嘿哈"地迈进的征程……

给孩子自由，孩子还之惊喜

"虎妈"故事盛行时，我在家里跟凯丽讨论，听了"虎妈"的家规以及对孩子的严格要求，凯丽的眼泪当时就掉下来了。我说你哭什么，她哽咽着说："'虎妈'的两个女儿太可怜，太可怜了！"

我说人家自己并不觉得可怜，她们都是全A生，大女儿还到卡内基大厅去表演钢琴，"虎妈"为此很自豪。凯丽回答："妈妈，你不这么对我，我以后也可以拿全A，再说不拿全A，又有什么关系呢？我喜欢弹钢琴拉琴，不是为了表演给别人看，自己喜欢、自己很享受就好了。你可千万不要变成'虎妈'啊！太恐怖了！"

我没有把她要拿全A的话放在心上，没想到她很快就给了我一个惊喜。

凯丽小时候语言发育迟缓，四岁半才开始讲话，到了五岁开始上学时，有些词的发音她依然发不清楚。我只担心她会因为这个影响和小朋友交流，影响到她交友，对她的学习采取了放任的态度，除非她来问我，否则我不过问她学习上的事情。

小时候放学后经常有邻居的孩子来喊她出去玩。凯丽问我："妈妈，我的作业还没写完，可不可以先去玩？"我总是说："可以，作业等睡觉前写完了就行，别耽误了和小朋友玩。"到后来她问都不问了，只要有人来叫她，告诉我一声就飞奔而去了。

我一直认为，和其他孩子一起玩比学习文化课重要。多参加群体的自由活动，小孩自然而然地学会如何与同伴交往：怎样让自己的意志得到实现，有时候必须妥协、有时候要合作，怎样对待不同意见，感受别人的情绪……这些都是人际关系的启蒙，是书本上学不到而孩子进入社会后一定用得上的素质。

记得有个哈佛大学负责面试新生的教授说，在两个孩子条件差不多的情况下，如果只能录取一个，他会选择那个打篮球的孩子而不是那个爱跑步的孩子，因为现代社会对团队精神的要求太高了，这是必须具备的素质，显而易见一个爱打篮球的孩子比跑步的孩子在团队合作上得到的锻炼更多些。

督促孩子学习对于父母来说是最简单最容易的，在小学阶段，回馈也是立竿见影的。而培养孩子的情商则比较难，一时半会儿看不出效益来。我觉得十年树木百年树人，父母是要把孩子培养成人，所以必须有耐心，沉住气，给孩子足够长的时间，按照自己的节奏成长，发现和完善自己。

凯丽上了初中以后，我可以明显感觉到她的课业分量加重了很多。她上的初中和小学的最大不同是，全校学生分成了三队，每队有一套老师班子。学生没有固定的上课教室，每个学生都有个柜子装私人物品，到了上课时间拿了课本就到任课老师的教室去上课，下课后再赶往下一个教室。这对孩子的自我管理能力是个很大的考验。初中和小学相比另一个重大的变化是各科成绩都开始打分了，也有了期中和期末考试，学生有了正式的成绩单和平均成绩。

上初中后第一次去给凯丽开家长会，坐下来之后，老师先递给我凯丽的成绩单。一眼看过去，我不禁"咦"了一声，大吃一惊。

九门打成绩的课程，凯丽得了七个A，一个B和一个C。

我吃惊的不是她得了一个C，而是她竟然得了那么多的A!

在整个小学期间学校都没有期末考试，没有排名，所以我并不知道她在班上的学习程度。我们州在小学三年级和五年级末有全州的统考，成绩直接寄回家，她的各科成绩都位于中游。她的朋友有的在四年级上了天才班，有的数学好、有的英语好都跟着高年级上课，她自己对此无所谓。因为对于她的学习从来没有什么期望和要求，所以我也觉得无所谓，她能学成什么样就是什么样。

随着年龄的增长，我看到凯丽对学习各方面的知识越来越有兴趣了，自己找很多课外书看，有种渐入佳境的感觉。我以为要等到上了高中她才会在学习上开窍，会迸发出学习的后劲来，没想到刚上初中，她的成绩就上来了。

我扭头对坐在旁边的她说："你得了这么多A啊！挺厉害的呀！"

这时老师又递给我一张纸，是作文老师写来的邮件，里面提到凯丽作文的字迹太难认了，建议她以后将写好的文章打字，再交上去。就是这门课得了"B"，原来是字迹难认的关系。她在家里写日记，我很难看懂她写的是什么，以为她故意不想让我看明白才那样写，原来跟老师也是同样的一套。凯丽说她会去练习打字，我告诉老师我会帮她找打字软件，这件事很好解决。

我低头再仔细看看成绩单，忍不住又在"咦"了一声，得"C"的竟是数学。有点不理解地问她："你不是很喜欢学数学吗？怎么这一科会得C呢？"老师翻了翻夹子里的文件对我说，数学老师没有特别的说明，我也不知道为什么。

凯丽有点不好意思地解释："因为作业弄丢了。"

老师追问了一句："丢了几次？"

"三次。"

这个C得的一点都不冤枉，这都已经变成惯犯了，再不汲取教训，以后课程学得越来越多，更要乱套了。

老师对我说："刚上初中孩子们都在适应和小学完全不同的上课方式，

暂时出现各种问题都是正常的。"又对凯丽说："我们一起来商量一下，看看以后你怎么做能够将所有的文件都条理化。"我和老师帮凯丽想了一个办法，将数学课的夹子换成里面带封套的，封底的套子专门放发下来的作业题，封面的套子专门放完成的作业，这样题和作业各有去处，不会弄混弄丢。我又建议她把所有的科目都这么处理，避免别的学科也发生丢作业的情况。

随后我问了问老师她在学校和同学相处、行为等方面的情况，老师都给了很高评价。临走，还是有点难以置信，偷偷问老师，刚上初中的课程是不是都比较容易，评分比较松？老师抿嘴笑着反问我："松吗？那她的C是怎么来的？"

孩子取得了好成绩，还不相信，愉快地鄙视了自己一下。

看来"放羊"政策还是有效的，凯丽对学习充满了兴趣，自己知道努力，成绩变得越来越好了。

孩子本身都有想要学习好的内在驱动力。有的孩子开窍早些，有的晚些，等到孩子开窍了，都能够展现出该有的实力。学业上的事儿，父母真不用跟着操心，求知欲是天生的，发现孩子有哪方面的兴趣，可以支持他去探索和深入，但父母不要干预，干预往往起破坏作用。比如盯着孩子的学习成绩，辅导孩子训练孩子，拿着试卷一道题一道题帮孩子分析对错，这样肯定会让孩子的成绩提高，但长久下来，会打消孩子学习的兴趣和自主性。孩子会为了得到好成绩而学，为了父母而学，会从根本上毁了孩子的求知欲。

不以一时的成绩好坏去评价孩子，耐住性子等待孩子成长，相信孩子会有一展长才的那一天，这是父母真正要做的功课。相信孩子，给孩子以自由，孩子一定会还之以惊喜。

凯丽的宠物

凯丽上初二那年快过生日前，有天晚上我在饭桌上随意问了她一句："你知不知道哥哥今年打算给你买什么生日礼物？"

她很兴奋地大声说："小州已经答应给我买宠物了！"

家里马上要进新成员，而我竟然不知道，马上问道："你要买什么当宠物？"

"是两个Hissing Cockroaches。"

"那是什么东西？"

凯丽说："不是东西，是一种虫子。"

她要养虫子当宠物！有什么好看的虫子可以当宠物吗？多漂亮可爱的虫子那也是虫子啊！想到家里要有两只虫子被供着观赏，头皮隐隐开始发麻，心里对这事儿已经抗拒上了。

表面上依然做平静状，问道："是什么样的虫子？"

凯丽连说带比画地中英文都用上了好一顿解释，我还是一点概念也没有。老公在一旁咳嗽了一声说："嗯，她说的那就是一种蟑螂。"

蟑螂！！！

我瞪大眼睛，脱口而出："不行！绝对不行！！"

小时候我家在大连住的是日式房子，全部木质结构，蟑螂泛滥成灾，在各家各户之间串来串去。我对它们又黑又亮成群结队快速爬行的身影印象太深刻了，那时候邻居家家户户都因为与它们共存而有过许多不愉快的经历。

现在有人竟然主动把它们往家里请，真真是可忍孰不可忍。

凯丽还在问："妈妈，为什么不行？"

我头摇得像拨浪鼓："那个东西一旦跑出来，家里很快就到处都有了，满地爬，不行不行。"

"我保证不让他们出来。"

"你怎么保证呢？它们爬的可快了，又会躲。"

"我把它们养在鱼缸里，上面封上，爬不出来的。"

小时候蟑螂留下的印象实在是太恶劣了，我向凯丽沉痛地忆苦思甜了一番，最后对她说："妈妈看见它们就恶心，你养宠物，要养个全家人都能够接受的，你得考虑一下别人的感受啊！"

凯丽据理力争："我养在自己的屋里，不拿出来，你不想看可以不进我的屋子嘛！"

她试图说服我，想了想又加上一句："妈妈，他们吃素，只吃菜不吃肉，和你一样是素食者。"

我放下筷子，食欲全无。

随后的几天，我们家餐桌上的话题就是争论那两个尚未谋面的"宠物"了。争到后来，三个孩子一个阵线，我已然落于下风。而老公不说话，不过我知道他是站在孩子一边的，如果他表态支持我，孩子就没有什么好说的了，毕竟在家里要听从父母的。

我有点迁怒于大儿子小州了："他们小不懂事，你怎么能答应给她买，要是个好看的动物倒罢了，那蟑螂怎么可以当宠物养呢？"

小州回答说："妈，凯丽喜欢，她自己能照顾，放在她的屋子里，我觉得你不应该禁止。"

老公看我的脸色不善，拉长了音意味深长地说道："用尊重成就孩子的一生（我的第一本育儿书的名字）。"

他一下点在我的死穴上，令我当场呆住，哑口无言。

知易行难，真正能够做到尊重孩子的意愿，不容易啊！

我投降了，不过依然垂死挣扎地给凯丽约法三章：不许从她屋子里拿出来，绝对不许让它们跑出来。

过了几日，看到小州楼上楼下地忙乎，搬鱼缸，搬一些黑乎乎的木屑样的东西……那是给凯丽的宠物准备窝呢。

随后的一天，凯丽的几个朋友在我家玩，只听到她屋里传来阵阵笑声、惊呼声，热闹得很。凯丽的屋门半掩，我探头问道："你们干什么呢，这么热闹？"

他们争着告诉我，在看凯丽的新宠物。

我有点好奇，不知美国的宠物蟑螂和中国的"小强"是不是一样的，就问她我可以看看吗？

凯丽兴奋地向我献宝似地说："妈，你进来看看吧。"一副我看了就会喜欢上的表情。

我走过去，看到鱼缸果然如凯丽所许诺的那样，被仔细地封住了，孩子们指指点点告诉我宠物趴在什么地方，待我定睛看到里面的东西，一声尖叫不受控制地从我嗓子里冲了出来……

真不是我胆小，很多女人冷不丁看见了蟑螂都会尖叫，而凯丽的宠物身形比普通的蟑螂大了两倍有余……

难以理解，凯丽她怎么会选择这一类的东西当宠物，是从哪里得到的灵感？问她，她只简单回答说是从学校的科学课上学到的。

开学初到学校参观并面见老师，我终于找到了答案。

凯丽上八年级了，那天我和所有的课业老师见过面之后，已经快到结束的时间了，往外走的时候，凯丽特意拐个弯领我去见她七年级的科学老师。

那个老师已经锁上了教室的门，正站在走廊里接听电话。看到凯丽来了，他匆匆挂断电话就和她聊了起来。

老师："嗨，凯丽，听说你在家里也养蟑螂了？"

凯丽兴奋地点头："是啊，是我哥哥送我的生日礼物。"

老师："公的还是母的？"

凯丽："一只公的一只母的。"

老师："那他们是否开始繁殖了？"

凯丽："还没有，也许他们还需要一段时间彼此适应。"

老师："我教室里的已经繁殖到四十多只了，你有时间回来看看它们吧。"

凯丽："好，我一定回来看。"

告别了老师往外走，他又在后面热情地喊道："凯丽，如果你的蟑螂不生育的话，你就到教室里来拿几对回去。"

我边走边问凯丽："你就是跟着这个科学老师学会养蟑螂的？"

她说："是啊，去年老师让我负责喂它们，我喂了整整一年。每天进教室，第一件事就是给它们喂食，去年我刚喂的时候才八只，现在都四十多只了。"

不管什么东西，如果自己付出了心血，都会培养出感情的。一年的精心喂养，竟让凯丽对蟑螂情有所钟。

我又问："这位老师的教室里还养别的动物了吗？"

"还有蜗牛、金鱼、青蛙、乌龟、一种大蚂蚁、小蜥蜴……"

美国的学校是学生到老师的教室去上课，所以每个老师都拥有自己的教室，怎么布置由老师自己决定，老师们都会花很多心思把教室布置出特色来，所以每间教室都风格各异。这位科学老师的教室，简直可以开爬行动物馆了。

我问凯丽，教室里那么多种动物，她为什么要喂蟑螂而不去喂其他动物呢？凯丽回答说是老师安排的，她只负责喂蟑螂，其他每种动物都另有同学负责。

不知那些同学最后是否也和自己养的东西培养起了感情，发展到在家里养了。

想起一件事，又问凯丽："你怎么能区别哪只蟑螂是公的，哪只是母的?"

"公的比较漂亮，大一些。"

"漂亮?"

这种虫子和漂亮这个词怎么挨得上边呢？唉！女儿的审美观，生生被科学课老师给毁了。

不过，凯丽自从上了这个老师的课，就自己到处找科学方面的书籍看。现在她的科普知识极其丰富，经常纠正我们的老观念，并且已经立志长大以后要当科学家了。

这样的老师就是真正的好老师啊！他能让孩子打心底里喜欢上一门课程。

一个"不打不骂不管"儿子的好父亲

父亲是江南人，到祖国最北端的城市读大学，毕业后留在了那里工作。儿子出生在冬天，冰天雪地，难得见到太阳。一生下来就缺钙，瘦小的身子顶着一个大大的脑袋。父亲想尽办法给孩子补钙都不果，遂下决心南迁。

可是在那个时代，没有什么革命理由，全家搬迁简直是异想天开。

机会终于来了，"五七战士"要被下放到农村，别人都想方设法地逃避，只有父亲主动去申请。因为，下放了就可以往南面挪动了。他们下放到了母亲的老家、靠近海滨城市的农村。新鲜的粮食和空气、泥土、阳光，果然使儿子的身体强壮了起来。

后来政策改变，"五七战士"可以回城，父亲联系了海滨城市的大学，在那儿找到了教职。

儿子也到了上学的年龄，他因为从小的身体底子差，不仅长得比同龄孩子小，心智也没有开窍，懵懵懂懂的。

一到开家长会，老师就跟父亲反映孩子不好好听课，贪玩，小动作特别多，不好好写字……

父亲"嗯嗯啊啊"地点头听着，不多说话，既不为孩子辩解，也不向老师保证回去之后会好好管教。

回到家，儿子忐忑地问："老师说什么了?"父亲总是摸摸他的头微笑着说："挺好，老师说你表现不错，有进步。"

每天下班，父亲都拉着儿子的手带他到海边游泳。赶上退大潮的时候，和儿子一起去赶海：抓螃蟹、挖蚬子、捡海带……

有时天还不亮，父亲悄悄来到孩子床边在他耳边小声说："起来了，起来了，去赶海了。"孩子一骨碌爬起来，睡眼蒙胧地拉着父亲的手，在雾蒙蒙寂静无声的通往海边的小路上，只听到两个人"踢踢踏踏"的脚步声……

别人的家长都忙，只有父亲天天领着儿子下海游泳、捉鱼摸虾。邻居的孩子们都想跟着去玩，父亲就领着一起去，儿子于是有了朋友，这些人后来都成了他终生的朋友。

改革开放以后，学校越来越重视学生的学习，各班都要按成绩排名次，儿子每次排名在班上都靠后。

妈妈也是大学老师，自己上学时总是考全校第一，看着儿子惨不忍睹的成绩，忍不住问道："你怎么能考成这样？你得多下功夫才行啊！有什么不懂的妈妈爸爸都可以教你啊！"儿子不服气地说："妈，我比咱院里的二宝强多了，他考最后一名。"

爸爸依旧摸着儿子的脑袋说："对，考得不差，比二宝强。"

孩子的各科成绩中属语文最差，总是不及格。尤其是写作文，常常是只写了半句话就没了下文。父亲买来日记本，教他每天记日记，这是父亲唯一教过儿子学习的一次。渐渐地，日记由一句话变成了几句话，又变成了半页，儿子学会写文章了。

儿子在学校的成绩一直没有什么大的起色，母亲想要辅导他，他总是一边回答我会，一边跑出去撒欢玩去了。

一天，父亲拿回来了一套木匠工具，让儿子在家里自己做东西。正好家里打了一张大床，剩下了一些木料，儿子就用这些边角余料练起手艺来。每天放学后刨啊锯的，几天的工夫就做成了一个小板凳。父亲高兴地坐了上去，没想到一个屁股墩摔倒在地上，板凳被父亲坐塌了。

父亲站起来拍拍身上的木屑笑道："不错，不错，做得挺漂亮，可惜这木料不齐整，否则就可以做出很结实的板凳了。"

原来父亲眼见儿子对学习不感兴趣，却观察到儿子手巧有耐心，于是想到让儿子早早学会一门手艺，以后可以凭手艺吃饭。买来木匠工具就是来探查孩子的兴趣。孩子果然乐此不疲。估计那时如果拿回来的是瓦匠工具，孩子更会兴趣十足，和泥多好玩啊！

几年间持续不断的游泳锻炼，使儿子的身体越来越强壮，他对学习的兴趣也出乎所有人意料变得越来越大了，到小学六年级小升初时他爆出了学校的最大冷门：考上了重点初中，是他班里唯一一个考上的，那年他们全校一共才考上了三个人。

好消息传来的那一天，班主任老师放学后拉着他的手亲自到家里报喜。

父亲还是摸摸儿子的脑袋："挺好，挺好。"妈妈感慨地说："瞎猫真的可以撞到死耗子啊！"

到了重点初中，儿子的学习成绩依然在中下游晃悠。父亲没有流露出任何焦急情绪，依旧领着他和一帮孩子去游泳赶海，倒是对他在班上交的好朋友很上心，开家长会的时候特意去问了问老师那个孩子的情况。

初升高，儿子又瞎猫撞到了一只死耗子，考上了重点高中，平时和他排名差不多的人，几乎都没有考上。

这个时候，全国人民都开始重视"考大学"，孩子如果能考上大学就如同跳过龙门一样。他们住的是大学的家属楼，各家都是大学教授，家长们各辟蹊径为自家孩子铺路，有自己辅导的，有请人给孩子辅导的，买来各种参考书，督促孩子天天学到半夜才肯罢休。

而父亲每天晚上到九点就喊儿子睡觉，说睡好觉身体才好，脑筋才清楚。学校的课业很繁重，中午孩子回家吃午饭，父亲特意从单位回家，给孩子看着时间让孩子睡个午觉。他自己不辅导孩子学习，也不请人，一如既往地放任自流，只抓睡觉。

儿子依旧贪玩，夏天去游泳已经不用父亲陪了，几个朋友约着就去了。后来谈恋爱的时候，领女朋友到海边，一个猛子扎下去，半天不见人影。女朋友等得心急火燎的时候，看到人冒了上来，手里举着一个大鲍鱼或者一个大螃蟹，那真是崇拜得两眼冒星星啊！父亲训练儿子的好水性成了找到媳妇的一个重要砝码，纯属意外收获。

当母亲背后嘀咕孩子不用功学习，就知道玩时，父亲力挺儿子说："玩是好事，玩锻炼身体，身体好比什么都重要。学习的事儿他有能力考上大学就上，没有那个能力当个工人也挺好，孩子快快乐乐健健康康的比什么都强。"

高考时，考完数学，儿子回来气恼地用拳头砸桌子："那道题明明会做的，怎么会推导错了呢！"父亲劝诫道："考完了就不要去想了，集中精神考下一科。"考完了物理，儿子又回来叹气："唉，最后那道题本来可以做出来的……"

父亲看在眼里，心里更加确定儿子上大学没什么戏了。高考结束的第二天，父亲早早就喊儿子起床，儿子问干什么？父亲回答："我领你到我们学校知青办公室报个名，他们有工作机会就会安排你。"儿子听了郁闷地说："爸，我能考上大学！不用学校给安排工作。"父亲说："能考上更好，去报个名也不损失什么，走吧，早报名早排上队。"儿子心不甘情不愿地跟在父亲后面去知青办报了名。

父亲严重低估了儿子"撞死耗子"的功力，高考成绩下来，他的分数不仅过了录取线，还超过了重点大学的录取线几十分。

多年之后，儿子心血来潮跑到美国读博士，还改了专业，进入了和医学研究相关的领域。开学初，海量的英文生物、医学名词一拥而上，把他打懵了。同学们除了他都是学医学和生物出身的，中国同学对于生物和医学名词至少中文意思还明白，他中文都不懂，英文就更甭提了，学起来困难重重。

远在国内的父亲听说了之后，给儿子写来了一封信。信中说："儿子，你上了大学，又念了研究生，父母亲都很为你自豪。人的脑力是有限的，'人定胜天'这句话不可取，每个人都有其局限性。身体是本钱，家庭是人生中最重要的东西，至于文凭事业，只要踏踏实实做一份工作就足矣！博士能读则读，不能读就罢了，不要把自己逼过了头……"

父亲的信没有让儿子放弃读博，反倒激起了他奋发的动力，几年后戴上了博士帽。

这在过去也算中举了吧？父亲心里是高兴的，回到老家在族谱上大书了一笔。回来告诉儿子，你是家族里迄今为止学历最高之人。他自己大概都没有料到曾经那个从小学到高中成绩总是在后面晃荡的孩子，在学业上能达到如此高度。

去年的父亲节，儿子被自己的儿子请吃了一顿大餐，酒足饭饱，坐在家中开始琢磨人生。沉思了许久之后，点点头自言自语地感慨道："现在想来，我爸爸是个难得的好父亲。"

老婆问："那你有没有告诉过他？"

"嘿，这种话老爷们怎么说得出口，心里知道就行了。"

老婆不以为然，说："你这叫沟通不良，心中的感情不表达出来，对方根本就不会知道。你不好意思讲，要不我来替你说？"

老公不置可否。

于是老婆就给父亲打了个电话，告诉他："爸，你儿子今天在家里夸你是个好父亲。"

父亲在电话那头高兴地说："是吗？好啊！这是最好的父亲节礼物了。"忽然灵机一动，对儿媳妇下指示："那个，你不是会写吗？你就给写下来好了。"

老爷子觉得口头表扬的力度远远不够，还得形成文字才行。

儿媳妇在这一头有点为难，吭吭哧哧地说："爸，您有所不知，从刚写文的时候吧，您儿子就立下规矩了，九族之内都不能写。您看您这是属于直系亲属，我写了之后肯定要挨批评不说，文章也要被打入冷宫的。"

父亲在那头嘿嘿直乐："你怕什么，我让你写，他敢说不字？"倒也是，这个儿子从来没有忤逆过父亲，父慈子自孝。

儿媳妇把太上皇指派的事儿当做最高指示执行，只是巧妇难为无米之炊，于是开始搜集素材，首先采访当事人。

问："你说你爸是个好父亲，那他好在哪里呢？"

（被采访人做思考状）"嗯，越想越觉得他是个好父亲。"

"他怎么个好法？"

"哪方面都挺好。"

采访人挠挠头，继续启发："能不能举个例子说明一下？"

"这个，例子实在太多了。"

"一条一条讲来。"

"嗯，他从来没打过我。"

"还有呢？"

"他从来都没骂过我。"

"还有呢？"

"他不管我。"

"还有呢？"

"没有了！"

不打不骂不管，就是好父亲？

采访人处于抓狂中……

换一个采访对象吧，电话打到婆婆那里："妈，我想问问爸在小G小时候是怎么教育他的，您能不能跟我讲讲？""你说小G小时候啊，他可有意思了，他一年级的时候我给他买了一双新鞋，他上课就拿在手里玩，老师说也不听，气得老师一把夺过鞋给扔到了窗外，小G他立即站起来也从窗户上跳了出去……（此处略去1500字）"儿媳握着已发热的话筒，好不容易插进一句："那爸他在小G小时候都和他在一起干什么呢？"

"他呀，他没干什么。你不知道小G他小时候可有故事了，那一次在学校……（此处略去2800字）。"

取材如此困难，求人不如求己，儿媳妇自己回想公公是如何对待孩子的，想起一件让儿媳妇感念不已的事儿。

那年，媳妇生老三，公婆来帮忙坐月子。公公却在那时生了一场大病，身体虚弱疲惫。小孙女五岁，一天一个人跑到外面院子里去玩，公公看到了跟媳妇说孩子一个人在外面，得看着点，媳妇忙着给新生儿喂奶换尿布，不当一回事儿地回答："不要紧，这地方挺安全的。"

过了一会儿，扭头，却看到公公一个人斜倚在后面阳台上的椅子上，强打着精神，眼睛一直盯着在下面跑跳的小女孩。

女孩玩够了回到家，老人才起身慢慢挪着身子回到屋里躺下休息。

他是在心里真正关心孩子爱孩子的爸爸和爷爷。

这位父亲就是我的公公。回想公公对待孩子的方式，我觉得真正"瞎猫撞到死耗子"的是他。他对待孩子学业上的"无为而为"正是教育的最高境界。他的"不骂不打"是尊重，他的"不管"最高杆，那是"不干预"，顺应孩子自身的发展规律，不去干扰孩子的自我成长的节奏，才使得一个直到高中都不大开窍的孩子一直保有学习的动力和兴趣。

而且他不是真的撒手不管，他只是不管孩子的学习而已，实际上没有几个做父亲的能像他那样在孩子小的时候天天陪孩子玩，花费无数时间在孩子身上，和孩子建立起了最亲密的亲子关系。很多父亲可以做到陪孩子学习，却做不到每天都陪伴孩子玩耍、做游戏。

他一直觉得孩子只要当个工人能自食其力就挺好。因为没有期望，孩子在学习上毫无压力，对未来没有任何担忧和恐惧，对知识对未知的好奇心自然地成长，所以才会喜欢学习，喜欢钻研问题，考试时超水平的发挥，实现了一个又一个父亲没有预料到的目标。

第五篇

育儿问答

孩子动手能力不强怎么办?

亲爱的真妮:

你好!

我是一个三岁男孩的妈妈,从他一岁起我便辞职在家带他,直到他近三岁上了幼儿园才重新回到职场。

宝宝很聪明,也异常的活泼好动,语言能力、观察能力和运动能力都很强。只是有一个问题,孩子的专注力和动手能力不够。其实从我在家专门带他开始,我就有意识地培养,但是他似乎对需要动手、动脑的东西一概不太感兴趣,积木、拼图,要玩的话一定要我陪在旁边才可以玩一下,我一走开他就不玩了,玩的过程中碰到一点点困难就会大发脾气,转而玩其他的,要不就是乱扔。也曾买过类似乐高的拼插玩具,他玩两次就再也不碰了,也送过学乐高的课,试听过一两次,看他也不是太感兴趣。

两岁以前对车感兴趣,家里大大小小有不少,现在就是机器人,每天就是这个铠甲,那个变形金刚,晚上回来就是拉着他爸爸,我们打架吧!还有就是看书很喜欢,家里买了不少书,每天晚上睡前一定要讲一到两本,还会问很多问题。

我很担心,没有专注力,动手能力不强,对以后学习和工作都会有影响,但是我努力了很久,他就是对这些没兴趣。看过一些书,有些孩子,不用人培养,天生就专注力、自控力比较强,男孩子就是喜欢一起打打闹闹,我也让自己放轻松,以后怎么样也要看他自己吧,但还是想知道,你养育了两个男孩，你又是怎么看待这个问题的？对于动手能力的培养，是不是我还做得不够？

阿玲

阿玲：

你好！

孩子不玩积木和拼图不等于专注力和动手能力不强，他只是不喜欢玩这种类型的玩具而已。这个判断是你给他下的，是你的结论，并不是事实。你家宝宝爱玩变形金刚，我觉得他动手能力挺强，这是我的结论，也不见得是事实。真相是：我们用眼睛去看孩子的时候，看见的是自己内心折射出来的东西，我们自己担心什么或者欠缺什么，往往就会在孩子身上看到什么缺陷，并不是孩子本身真的有问题。

孩子才三岁，本身就不会有多大的专注力、动手能力，太专注了父母又要担心他是自闭症了。乐高那种拼插玩具，男孩子一般到了五、六岁以后才会真正喜欢玩，现在介绍给他有点儿太早了，一直逼他玩，倒有可能让他产生反感，到了本该有兴趣玩的年龄也不玩了。

玩具的主要功能就是玩，对于孩子来说有意思，有乐趣的就是好玩具。开发某方面智力那都是家长给玩具赋予的意义，或者厂家的营销口号。孩子无论玩什么都开发智力，玩泥巴玩石头也开发智力的。不玩某种玩具和他欠缺某种能力没有什么关联，就好比你可能不喜欢看恐怖片，并不等于你对电影的欣赏能力有缺陷。

所以别去强求孩子去喜欢你认为对他好的玩具，就让他随心所欲地玩好了。想要孩子专注力好，那么在孩子玩的时候，大人不要去打搅他。我看到有的父母，忍受不了孩子一个人玩，一会儿去逗逗孩子，一会儿去问问要不要喝水，一会儿去问他在玩什么，一会儿问他想不想出去……这样才会把孩子的专注力给破坏掉。让孩子自己想怎么玩就怎么玩，不打扰他，让他一心一意地玩。他喜欢的玩具如果能够深入地玩下去，自然就锻炼了动手能力也有了专注性。

很多情况下，大人的不干扰就是对孩子最好的教育了。

即使孩子真的动手能力不强，也不是什么缺点，他肯定有他自己的优点，发展那方面的长处即可。一个具备所有的优点的人是神，我们的孩子是人，让他做他自己，保留他自己的特性吧。

你的宝宝是个多么可爱聪慧的孩子啊！放轻松些，享受孩子成长的过程，不要去做无谓的担心。父母把孩子不够完美的负面情绪投射给他，试图矫正他的天性，是会对他的自信、性格造成伤害的。

衷心祝福！

真妮

五岁的孩子靠打骂才能吃饭怎么办?

真妮姐:

你好!

我女儿今年五岁,上学前班,她吃饭的习惯非常不好,以前总是爷爷喂,不喂她就不吃。今年暑假,我就让她自己吃,但效果不好,现在的情况是,每次吃饭她都哭,我只能大声吼她,或者打她,然后她哭了后还是能吃完一碗饭。在吃饭的过程中,也得盯着催她才能吃快一点,现在是每顿饭都这样,我自己也意识到要靠打骂她才能吃饭肯定不好,但就是没有办法,喂她她也能吃完,不喂她就吃得非常慢,有时候一顿饭要吃一个小时。

请问该怎么办?

烦恼的妈妈

烦恼的妈妈:

你好!

吃饭是人的本能和最大的享受,没有什么比吃饭更能体现一个人的个性需求了,吃什么、怎么吃,个体差异很大。父母以自己的标准来要求孩子,把自己的意志强加到孩子身上,对孩子来说就成了灾难。

有一次,有个母亲跟我抱怨她上高中的儿子一点主见都没有,胆小,什么事情都不敢拿主意。后来开饭了,我看到她不住地往儿子的盘子里夹菜，孩子自己都没有去挑菜的机会，盘子里已经是满满的了。一个连自己吃什么都做不了主的孩子，怎么可能有主见呢？父母在孩子成长的过程中，并没有给他自己做主的机会啊！孩子的自我意识，对自己的定位，对外面世界的看法不是一朝一夕形成的，是从小到大父母还有周围人对待他的方式决定的。

家里老人追着喂孩子吃饭，已是把吃饭当做任务来完成了，而你为了吃饭打骂孩子，更会给孩子留下心理创伤的。

你自己认真想想为什么会对孩子不好好吃饭大动肝火？是什么让你生气？是否和你自己的某些心理创伤或者阴影有关？如果能对症下药，把自己的问题解决了，那么你就不会那么纠结于孩子的吃饭问题了，这是治本。

眼下治标的办法是：你把自己关于孩子应该怎么吃饭的意识放下，让孩子的自我意志有得到实现的空间和机会，她会慢慢恢复吃东西的本能的。

第一，跟女儿道歉，说妈妈以前做错了，不该打你骂你，请你原谅。告诉她以后吃饭由她自己做主，妈妈不会提要求，想吃多少就吃多少。

第二，吃饭前，问问孩子想吃什么？做她喜欢吃的饭菜给她吃。

第三，吃饭时，让孩子自己决定往碗里盛多少饭，你不要干涉，不要给她定量非要吃多少。（你说她要吃一个小时才能吃完，显然是你给定了吃多少的标准。）

第四，在饭桌上，孩子吃什么不吃什么，吃得快还是吃得慢，都不要干扰。不要提任何建议，你自己吃得很香孩子看得到，也不要给她夹菜，不给她任何暗示。

第五，孩子说不吃了，就可以离开桌子，你不要对她有任何意见，高高兴兴地说好啊，吃完了可以去玩了。

第六，多领孩子出去玩，呼吸新鲜空气，跑跑跳跳，运动量大了，胃口也会变大。

　　一定要在吃饭时营造出和谐快乐的气氛，可以讲些有趣的事情给她听，引导她讲讲对人对事的看法，让吃饭时间变成全家人快乐相聚的时刻。

　　另外，把家里的零食还有饮料都收起来。她想吃零食时，问问她是不是饿了，饿了就吃饭。这个阶段也不必非得一日三餐，只要她表示想吃饭，就给她吃。

　　你女儿抗拒吃饭的心理已经形成了，你要给她时间，耐住性子等待她慢慢恢复。现在是营养过剩的时代，孩子一顿两顿不吃，或者吃得少，都没关系，不用担心孩子营养不良。

　　一定不能再打骂孩子了，这是最伤害孩子的事情。尊重孩子，孩子才会快乐有自信，才会身心健康地成长。

　　衷心祝福!

真妮

孩子要离家出走怎么办?

真妮:

　　您好!

　　昨晚临睡前,我让儿子忠忠做从学校带回来的数学作业,可他拿起笔就在桌子上乱涂。我警告他,不要在桌子上涂,不好擦。他反驳说,我没说过。他总是这样,总要顶你,而且认死理,我也没证据说我说过,所以再次让他记住不要在桌子上乱涂。结果他就在课本上画了一条杠,我想想应该让他珍惜课本,才能认真对待学习,所以打了他后脑勺一下,不是很重,但嘴里继续着我的批评。

　　这下来了,他哭着说头疼。过了一会儿就说,要回老家,不要跟我们待在一起,现在就要走等话。我心里五味杂陈,一方面觉得他好笑,怎么会说出这种话,感觉挺有意思的;另一方面觉得很诧异,才刚满五岁就有离家的想法了,受了这么点批评就要离家,要是不重视,到了青春期岂不真会行动起来?

　　我坐下来,认真地跟他聊天,让他记住并答应,无论怎样都不能离家出走,无论遇到什么问题,都可以跟爸爸妈妈说。

　　有时候他会说:打你喏,并扬起手,在我们面前可能不会动手,可对奶奶他会。每每这时,我总是严厉地批评并苦口婆心地告诉他,不能目无尊长,但不见效果。按言传身教来讲,我和他爸对长辈肯定是尊敬的,可他好像没学到,就是个宠坏的孩子。事事都是他有理,被人批评教训后,还希望得到这个人的谅解和安慰，否则绝不罢休。

今天早上帮他穿衣服的时候，不小心弄疼了他的耳朵，有冻疮，确实很疼。他哭了，我安慰他，并向他道歉。可他哭起来没完没了。我继续耐心地哄着他，可他还是没有结束的意思。一方面早上大家都会来不及，另一方面我觉得一个男孩子，每次哭起来没完也不是个事，有点小疼也应该懂得忍耐和克制，索性不管他了。奶奶去帮忙并安慰他，他还是哭着要找我，要求我跟他讲几句话，并得到我的拥抱。在几个回合后，我给了拥抱并按他要求再次说了对不起，这事才算完结。

有些行为按书上讲说是缺少安全感，可全家人都很爱他，没有委屈过他。我们一直认为是宠爱过头了，但是不知道如何改变。他委屈想辩解的时候，话还没说出来，自己先哭了，然后哭起来就没完没了，一个爱哭的小男孩，让我感觉像个女孩子。

我该如何让他学会坚强呢，如何学会控制情感呢，如何学会忍耐呢?

忠忠妈

忠忠妈:

你好!

恕我直言，看了你描述的情形，我觉得你在处理孩子的方式上不对孩子的路，建议你改变一下方式，看看孩子是否有变化。

孩子拿笔在桌子上乱涂那件事，他当时对于学数学可能有一点抵触情绪，或者是一时兴起想画画了。你当时可以问问他，是不是想先画画再做数学作业?如果想画画，就画到纸上然后妈妈可以把画贴到墙上，这样大家都可以看到他的画了，桌子也不会脏。然后拿来一张白纸给他，这样既鼓励了他画画的情绪，又避免了在桌子上乱画的争执。他画好画之后，你就给贴起来。家里可以留一面墙专门贴他的作品。贴完画，他情绪高涨，应该会很乐意做作业的。完成作业之后，让他帮你擦桌子，亲自体验一下桌上的涂鸦有多难擦，这个时候再告诉他以后想画画就画到纸上，不能画到桌子上。

当孩子用破坏性的行为来表达心中的不满时，做父母的用警告恐吓等方式对待，就被孩子牵着鼻子走了。父母要控制住自己的情绪，因势利导，让孩子先把负面情绪发泄出来，再来教育。

你不能打孩子。如果他品德上出现问题或者做出了特别危险的动作，或许可以打下小屁股以示警戒。泄愤式的打头打脸是万万不可以的，会严重伤害孩子的感情。忠忠因为你的粗暴对待，才有了要离家出走的说法。我想他的潜台词是：你不爱我，我也不爱你了，我要到爱我的地方去。他小时候是不是在老家住过，而在那里时没有人打他？

他扬手说要打人，正是跟你学的！他在模仿你处理问题的方式，包括他说要离家出走，都是模仿你威胁恐吓的说话方式。你不要在离家出走这件事上大做文章，让他感到这件事是你的软肋，可以威胁到你，以后有所不满时真的要做出来了。

孩子小的时候，想让他做的事儿要鼓励、强化，不想让他做的事儿要忽略、淡化。

你说他总有理，那么你是否认真听过他的理呢？他是否真的有理？他是不是经历了太多次没等把理由说完就被打断被否定，才形成"没等讲就开始哭"的模式？下一次孩子想表达他的想法的时候，你蹲下来看着他的眼睛，和蔼地告诉他："慢慢讲，不要急，妈妈会仔细听，告诉妈妈，到底是怎么回事。"给他提供一个可以正常表达想法和情绪的渠道。

孩子哭起来没完没了，有时候就是太委屈了，想用这种方式得到你的注意和爱。你觉得全家人都爱他，可是从孩子的表达方式上来看，这些爱并没有传达到他的心里。

他哭起来没完没了还有一种可能是性格如此。每个孩子都不一样，有的会很敏感，遇到挫折恢复得慢，有的对爱的需求比别的孩子多。同一件事，不能说这个男孩只哭一分钟，属于坚强，另一个男孩哭十分钟，就像女孩子，不坚强。假如忠忠需要十分钟来处理自己的感觉，那你不妨给他十一分钟。

要按照他的节奏来对待他，就好比他是个苹果，你就照着苹果的方式抚养他，而不是用梨的标准去要求他。

如果你希望他减少哭泣的时间，可以试试这个办法。比如那天你碰疼他之后，蹲下来拥抱住他，亲亲他碰疼的地方，说对不起，妈妈很抱歉，一定很疼很疼，可是忠忠很勇敢，只是哭了一点点。每次他哭的时候，你都鼓励他，说他很勇敢，遇到这么难的事只哭一点点，慢慢的他会真的只哭一点点了。

你信中最后提到的要让他学会坚强、忍耐、控制情感，这些对一个五岁的孩子来说太超前了，我们大人能否做到都是问号，别去要求孩子做不到的事情。我觉得眼下帮助他建立起安全感才是最重要的。

以后每当忠忠表现出你不喜欢的行为时，想想他为什么这么做，多试着从他的角度看待问题，耐心倾听他的心声，你就会找到解决的办法。

衷心祝福！

真妮

女儿因害羞得不到表演机会怎么办?

尊敬的真妮姐:

您好!

我女儿六岁,我一直注意对她性格的培育重于灌输知识,如今的她,在别人眼中是懂事又可爱的小姑娘,她自小就具有很强的自制力,如两岁不到时就能听妈妈讲道理,控制自己在一堆糖果里只吃一颗,从来不无理取闹,责任心很好,对比她小的小朋友非常照顾,吩咐给她的家务活能长期坚持下来,能每天自己主动做好作业收拾好书包……

但我伤脑筋的是她有些害羞,为锻炼她这个我自小就带她参加各种活动,可在幼儿园中班时,还是因她的不够大方而失去一次登台表演的机会。我当时与老师沟通,说希望给她机会她才能慢慢变胆大,可现在大班了,前几天表演又没选上她。我问女儿才知可能因为她声音不够大才没让她去朗诵儿歌。我觉得很懊恼,我也能理解为给幼儿园增光,小朋友一定要棒,可幼儿园的老师们怎么都这样啊!我知道女儿在其他方面很棒,主要欠缺在人前大胆表达的机会,这是我最关注的,因为儿时的我,也有这个问题,以致长大后很多机会都输在这上面,到现在才知道要放开一切。我真是着急!为此和她爸爸也经常鼓励她,虽有进步,但肯定离不开老师的鼓励和给予机会呀!

想请教您,我怎样才能更好地和老师沟通呢?虽说就快幼儿园毕业了,但我觉得时间过去了回不来,耽误的是小孩子,我不想这样下去。

非常感谢！

着急的妈妈

着急的妈妈：

你好！

女儿在幼儿园没能上台表演，你感到很懊恼，你女儿她自己是什么感觉呢？我想这个问题的关键要看她的态度，而不是你的感觉。

如果女儿对此很懊恼，很委屈，那么你应该跟老师谈谈，讲讲女儿的心情，希望他们能够给女儿一个机会，同时在家里下点功夫教女儿怎么样大声地读出来，如何抬头挺胸对着观众的眼睛说话，表演的姿态应该是什么样的，提高她的水平，这样双管齐下争取以后的机会。

如果女儿对此无所谓，或者如释重负，觉得不上台正好，那么你不应该强求。对她来说，上台或许是件非常难熬的事情。我知道有个幼儿园中班孩子被父母逼着上台表演都紧张到当场尿了裤子，孩子不仅没能变得大胆起来，反而在心里留下了对于当众表演的恐怖阴影。

太早让一个害羞的孩子站在大庭广众之下，会起反作用，你要认识到这一点，不能拔苗助长。

每个孩子的性格都不一样，有的孩子天生就有表演欲，喜欢出风头，遇到上台表扬的机会会格外兴奋，迫不及待，那么父母要多创造机会给这种孩子。而你女儿的性格，她并不享受这种活动，从她"声音不够大"中可以看出来。你要在她擅长的事情上多给她创造机会，让她有成就感，有自信心，而不是在她不擅长的事情上去"补短"，那只会给她带来挫折感和羞耻感。

你的女儿如此地懂事、听话、可爱，但是在你眼里她还是有缺陷，不够完美，你不能完全地接纳她自己的样子，要把她变得完美。一个本性文静羞涩的孩子，你想让她成为一个大方、愿意出风头的孩子；曾有个妈妈问我怎么能让她"假小子"一样的女儿成为雅致的淑女，你们都是在"拧"孩子的性格。

什么是"拧"，就是"扭曲"，孩子在父母的期待下要承受很多痛苦去改变自己，他可能会有所变化，但是那违背了孩子的天性，很难形成快乐自信的性格，因为他知道自己不够好，没能达到父母的期望。

你要接纳孩子本来的样子，她的性格还是从你自己那儿遗传来的，你更应该理解她才对，何况，害羞对于孩子并不是什么缺点，就是一种性格特点而已。

孩子的一生很长，她不会因为失去一次上台表演的机会就被耽误了。这件事让你如此焦虑的根本原因在于，你自己从小的害羞性格被人强化成一个缺点，在你的心里留下了比较深的阴影，而你现在把它投射到了女儿的身上。你真正应该做的，是想办法修复自己内心的缺失，这样你才能淡定地去养育孩子。

不要在这件事上给女儿压力了，你一再强调她不够大方，对于她没能参加表演如此懊恼焦急，才是可能让她重蹈你的人生轨迹的原因！因为你也会在她的心中留下阴影。给予她接纳和尊重，她一定会变得越来越有自信和有勇气的。

衷心祝福！

真妮

不甘心孩子的平庸怎么办?

真妮:

你好!

我的女儿今年七岁，马上就要上三年级了。她的学习一般，在班上也就是中等水平，不过挺喜欢看书的。钢琴今年刚考过四级，没什么热情，练琴都是很累的样子。送她去学跳舞，跳得也是马马虎虎，送她去学画画，画得也很一般，看不出有什么天分来。

总的说来，就是很普通，也就是很平庸的一个孩子。

前两天上钢琴课，一个比她小还比她晚学了一年的孩子已经和她弹到一个级别了。本来已经答应她放假带她出国旅游，可是钢琴老师不同意，说如果落下一个月的课，和别的孩子的差距就更大了。

我不知道该怎么办，应该取消旅游计划让她在假期好好练琴吗？

我觉得想让她出类拔萃挺难的，可又不甘心平庸，你说要怎么才能把她培养成为一个优秀的孩子呢？

苦恼的妈妈

苦恼的妈妈:

你好!

判断七岁的孩子以后会不会出色有点过早了，中国成语里有"小时了了，大未必佳"，也有"大器晚成"一说。正反两面讲的都是不能因为一个人小时候的表现去推断以后的发展。大人所能看到的未来很有限，而孩子有无限的发展可能性。

孩子的问题都是父母的问题，如果父母认为自己的孩子"平庸"，那一定是父母对其教育的方式很"平庸"：盲目跟风、人云亦云，没有看见孩子的优点。父母平时言谈举止里流露出孩子"平庸"的意思，是很打击孩子的，会让孩子失去自信心。有自信的孩子，什么都敢学敢尝试，她发现自己长处的机会就多，没有自信的孩子看到新事物还没尝试就认为自己一定不行，试也不敢试，一个在某方面有天赋的孩子也会被"平庸"的父母给埋没的。

做父母的首先要接受孩子，不管他是什么样子，都接受并有信心地去爱和养育，陪伴孩子慢慢成长。每个孩子都有优点和缺点，不能老盯着孩子的缺点看不到优点，更不能拿自家孩子的缺点和其他孩子的优点相比较。父母要有双慧眼，去观察孩子，发现孩子的长项和兴趣所在。孩子小时候不要只限定两三件事，给她机会多接触不同的活动，兴趣和才能才容易显现出来。孩子是否平庸不应该仅仅从钢琴、跳舞、画画来判断，太狭隘了，行行出状元啊！何况俗话说一命二运三风水四积德五读书，也许孩子将来的运气特别好呢！

何况，这个世界上绝大多数人都是平凡人，天才凤毛麟角。我们做父母的如果都是平平常常的人，没有给孩子遗传天才的基因，那么孩子想不平常也挺难的。孩子最终的人生格局、生活状态与他的品德与性格关系最大，而这些，取决于父母的心态和对他的养育方式。

女儿喜欢读书其实是个很好的闪光点，可以多借书买书给她读，她的精神世界的养分就上来了，书读多了，看问题自然会深刻，知识面也会变广。如果在读万卷书的基础上，再多领孩子出去旅游，"行万里路"，给她机会多接触人，多见世面，孩子自会打开眼界，心胸宽广，孩子的性格必然大气、圆融通达。

所以假期能够出国旅游比窝在家里练琴强多了，对孩子的意义不可同日而语。

孩子平平安安，身心健康地成长，已经是父母最大的福分了。如果孩子人格健全，热爱生活，将来有份感兴趣并且可以养家糊口的工作，那就是父母对孩子培养的最大成功了，比这个更高的目标应该是孩子自己的追求，而不应该是父母的加码。

这世间有多少人，年少时渴望成龙成凤出人头地，最终却成了红尘里的平凡人，心中却满怀不甘，一生都挣扎在眼高手低的困境里，到老了又把自己未能实现的抱负放在了孩子身上，让孩子重复着自己的命运。

接受孩子吧，不去期待孩子成龙成凤，给孩子自由发展的空间，允许孩子追随自己的梦想，孩子才有可能脱离"平庸"，发挥出自己的特长，做最好的自己。

衷心祝福！

真妮

孩子在寄宿学校偷东西怎么办?

蔡老师:

　　您好!

　　我是小龙妈妈,小龙今年7岁,读一年级。因我和老公单位里都比较忙,所以就为他找了一家住宿学校,希望他养成良好的学习习惯和独立生活的能力。学校的老师很负责也很有耐心,入学后的一个月里,他在学习和生活方面的能力都得到了老师的赞扬。

　　住校的第一个礼拜,他就打电话要求回来,说非常非常想家想妈妈。当时我也忍不住落泪,但想到老师说的要坚持,就没答应接他回家,只答应周五妈妈一定去接他放学。后来老师跟我说,他在多数时候很阳光乐观,还帮助老师一起安慰其他放声大哭的小朋友,而他自己哭的时候都蜷缩在宿舍的床上小声地啜泣,宿管老师说看到了都觉得心酸。住校的第一个月,我们只在周五接他,周一早上把他送到学校。接他的时候他高兴地告诉我们说慢慢有点习惯住宿了,到周六的时候就说还是喜欢家里,甚至晚上睡梦中还会哭醒,而到周日下午尤其接近黄昏的时候他就开始情绪低落起来。有次还说肚子痛,可等我开车把他送到医院时,他又在车上睡着了。当时我们鼓励他坚持,认为过一段时间就会适应的,而且他在9月还被评选为班级唯一的模范生。

　　没想到国庆节后,一位家长跟我提起他孩子经常丢橡皮,看到是小龙拿的。我检查他书包,果然发现有一把橡皮。小龙说有些是同学给的有些是地上捡的。我教育了他一番并让他把捡到的橡皮交给老师。几天后，老师把我叫到学校，说在小龙课桌里发现了一大堆橡皮。橡皮大多数是用过的，破破旧旧的。老师对此很震惊，更吃惊地是小龙在交出橡皮时非常镇定，一点都看不出内疚或害怕的样子。

我花了一天时间跟他谈话，一开始他还犟嘴，说同学不爱惜橡皮；又说同学不理他，他要拿掉同学的橡皮让他难过；还说我们不给他买橡皮等，理由一箩筐，压根没觉得自己做错了事情。我当时特别气愤，生平第一次给了他一个耳光，转身要走出房间。小龙这才哭了，拉住我说"妈妈不要走，你抱抱我"。

期间，我们同老师以及一些家长都做了沟通，还获知了以下一些情况：

1. 他很喜欢的一个舍友小庆住了两晚后就回家改成走读，小龙天天要求小庆住宿，还让我找他妈妈商量。后来小庆觉得烦，送了他一块橡皮，自此以后小龙就没再求小庆了。可能从那时，他开始喜欢上了橡皮。问他为什么喜欢，他说橡皮软软的，握在手里很舒服。

2. 橡皮也许转移了他的情感关注。再问他原因，他就说在学校非常想家，想要住回家。他在学校走到哪里都想爸爸妈妈、爷爷奶奶，晚上在床上睡不着觉想我们的时候，他就练习拼音、背英语，慢慢慢慢就不怎么想了。

我们分析他可能还因为学习压力比较大。他们一个月学完拼音，之后每天学一篇语文课文；每周学两篇英语，每周都有外教和口语考试；数学对口算速度要求高。

于是我们决定每周中间接他回家一次，此外还每月给他零花钱任由他买喜欢的东西。感觉他拿别人橡皮的行为得到了抑制。

我们都以为事情解决了。谁料，昨晚去接他放学时，刚进教室，他就拉住我的手，怯怯地说："妈妈，我拿同学橡皮了。"我看着他没说话。一会儿，就见他眼圈红了，慢慢就哭了。班主任走过来说，发现小龙拿了很多橡皮，而且藏得很隐蔽；老师跟他谈话时，他依旧很镇定，一点儿都看不出情绪的波动以及羞愧之情。老师要求我们要对他严格管教，不能太民主，如果再有类似事情发生的话要全校通报批评。

回家后小龙翻来覆去地说，羡慕回家住的同学，想回家，说"爸爸妈妈不喜欢我才让我住宿的"。但是，关于住宿，我们之前都向他做过很多说明，包括周末我们也尽量陪他一起玩，也经常同他说"爸爸妈妈爱你"，但好像他还是很纠结。

我们现在特别担心的是：

1. 偷拿东西的行为是否会成为习惯，是否会成为一个有品行障碍的人？他实际很明白这是不正确的事情，为什么还要做？

2. 如何纠正他这种行为？是否需要惩罚？如是，给予怎样的惩罚？

3. 这种行为是否与他住宿有关？

4. 出现这种情况，他是否需要看心理医生？

期盼您的回复，非常感谢！

小龙妈妈

小龙妈妈：

你好！

你其实已经发现了事情的根本原因，就是小龙用橡皮转移了他的情感关注。他承受不了离开父母的生活，在痛苦中橡皮成了他的感情寄托，摸着橡皮他心里才安宁有着落。

从人的天性上讲，孩子和父母在一起才会有安全感，无论以什么理由将孩子送去住宿，在孩子眼里就是"爸爸妈妈不喜欢我才让我住宿的"！这么小的孩子离开家，是非常痛苦难耐的，每个孩子多多少少都会在心里留下伤痛。有的孩子能挺过去，有的孩子不行，小龙就属于挺不过去的。纠正小龙的"偷橡皮"的行为，治标不治本，因为橡皮是他自救的手段，否则他只怕就要崩溃了。小动物到了傍晚是最惶惶不安的时候，要赶紧跑回窝里去，小孩子也一样，太阳下山后至睡觉前那一段时间是最需要父母陪伴的。

你问我的第三个问题，答案是绝对相关的，不住宿，他不会出现这种行为问题。

美国总统奥巴马曾说竞选中有件事他很自豪，在长达二十一个月的选战中，他没有错过一次孩子的家长会，当上总统以后，他仍然每晚和女儿一起吃晚餐，耐心回答她们的问题，为她们在学校交朋友的事儿出谋划策。

我们再忙大概也不会比美国总统忙，只要肯，总是能想出办法晚上和孩子在一起的。工作再重要也没有孩子重要，错失了陪伴孩子的时光，以后永远也弥补不回来。而孩子一旦出现了问题，多么成功的事业也无法挽救。

小龙现在心里已经有了伤口，如果不及时让它愈合，那个伤口是会伴随孩子的终生的。很多人成年后心理出现障碍需要做心理治疗，根本原因都是小时候被养育者错误地对待了，还有一些孩子等不到成年就崩溃了。

解决小龙行为问题的方法很简单，就是接他回家。他需要父母的陪伴和关爱，孩子握住了爸爸妈妈的手，就不会想要去握橡皮或者其他什么东西了。

是否爱孩子，是以孩子的感受来衡量的，不是大人自己的以为。从小龙在挨打后说的话："妈妈不要走，你抱抱我。"可以看出他对于父母之爱的渴求，他没有安全感。所以无论多么难，请将他接回家吧，用行动告诉他你们爱他，让他感受到父母爱他，这是对他最有效的疗愈。

衷心祝福！

真妮

怎样纠正孩子不好的读书习惯?

亲爱的真妮姐:

你好!

今天有一个关于儿童阅读方面的问题非常想得到您的帮助。我儿子马上上二年级了,可以独立熟练地阅读,喜欢各种类型的图书。

他自己通过看书明白了许多自然科学道理,记住了各国飞机型号,甚至丁丁历险记的某句话他都能记得在哪一集里出现的,可能这些是他喜欢的、有兴趣的,所以看得仔细、记得清楚。我也一直觉得爱读书是一个终身受益的好习惯,他看哪类书我和他爸爸也从不限制。

但是我观察他看书时的情况,经常发现他一目十行,带图画的书,只看看图,大略地扫一下文字就翻过去了,一本挺厚的书一会儿就看完了。不知这样的情况需不需要给他纠正呢?怎么纠正比较有效呢?

之所以有这样的疑问,是因为,他明明是看书多,可是在进行语文学习时,语感不强(标点不会加)、词汇不丰富,比如让他举例类似"红红火火""绿油油"的词,就想不出几个,小作文写的也一般。

还有就是孩子对散文、童话方面的书不太感兴趣,我是不是应该着重的引导一下呢?

小翔妈妈

小翔妈妈:

你好!

广泛阅读给语文学习带来的益处在小学高年级才会显现出来,你不要太着急了。小翔他才二年级,各方面都在打基础,读过的书也有限,要等到有了量变的基础才会有质变。

命题作文不好写,因为文章本应有感而发,如果自己一点儿感觉都没有,生硬地去编出一篇文章,很折磨人,也写不出好文章来。我自己对此深有体会,编辑来约稿,我写得就生硬些,自己随意而发的文章,就比较轻松有趣。孩子越小写命题作文越难,老师家长逼过头只怕要抹杀了孩子的写作灵性。像红红火火,绿油油这种词,为什么要举例呢?是为了让孩子举一反三吗?我刚才仔细想了想,也没有举出几个例子来,看不出这样的学习要求对于孩子语文学习和写作文有什么意义,大概只是应付考试用了。写作文的主要目的是培养孩子的文字表达能力,学会把自己的思想和观点表达出来,文字是否优美、词汇是否丰富,都是工具,关键在于孩子是否有思想、有情感,能否表达清楚。言之有物最重要,把注意力放在词汇上会不会是本末倒置?

这涉及语文教学的探讨,我只是总结了自己写文章的一点感受,仅供你参考。

想让孩子提高文字表达能力,你可以尝试让孩子看完一本他喜欢的书之后,写写自己的感想和收获,或者经历了一件不同寻常的事情之后,让他写一下自己的感受。他有感而发,一定可以写出内容丰富的文章来。可以用写日记的形式,不要讲是写作文,这个词对于孩子一定挺痛苦的,也不要去限定他写多少字,或者去改动他写的东西,让他随性地去写,自由发挥。

你提到儿子有时候会一目十行,有可能他对于那本书的兴趣不大,有兴趣的书他自然会仔细阅读，细到能够记住某句话是在哪一集里出现的，还有一种可能就是书的内容太浅了，不需要他认真去读。所以你不用担心这个，阅读本就分精读和泛读。

散文这类读物，二年级的男孩应该很少看吧？童话也不是谁都喜欢看的。阅读有选择性，每个人的阅读习惯都不同，就像吃东西的口味不一样。为什么要让他喜欢看散文呢？如果你自己喜欢，可以和他分享你的阅读心得，孩子被你的描述和你的热情吸引，也许会对这类书产生真正的兴趣。如果只是因为对提高语文成绩有帮助，这样的硬性引导会破坏孩子的读书兴趣的。

读书是件非常享受、非常快乐的事情，你一直注意保护孩子的阅读兴趣真是非常难得。给孩子提供他需要的东西，然后守护着，让他自己慢慢成长，这是父母的角色。所谓的引导、纠正我觉得都属于干涉的范畴，很容易把孩子的读书兴趣给抹杀了，还是不要做吧。

衷心祝福!

真妮

孩子想自杀我该怎么办？

真妮：

你好！

我是一个三年级男孩的爸爸，在家工作，所以孩子基本归我管。昨天和孩子聊天，说起了我向他发火的事情，我问他怎么想的，他说有两个选择，其一是长大后报复我，其二是自杀。他说他不能接受我冤枉他以及过于严厉的责骂，碰到这些情况就想离开这个世界，还说就痛一下，没什么可怕的。

我说你就舍得你的朋友、玩具、好吃的等，他说无所谓。

我自觉是比较开明的家长，很多事情都尊重他的选择。一周只有周末加了两小时的英语和两小时的奥数还有三小时的运动——他最爱的篮球和足球。平时也不唯分数论，考得不好也不打骂，只是惩罚减少玩的时间。

但是我比较不注重态度，经常因为学习习惯的问题凶他。偏偏他这方面屡教不改，比如读书时要字字过目，他却老是加字漏字，结果各个科目都受影响。我想过很多办法训练他，效果都不佳。我就觉得他不是不能而是态度不够认真，于是对他发火。我自知那一刻自己形象比较凶恶但好像难以克制。吼叫的频率挺高的，三天两头都有。不过从不为这些事情动手打孩子。

至于他说的冤枉就比如我听到他读错了，叫他重读这个句子，他如果觉得冤枉他了就会花十分钟强调没读错而不是花几秒钟重读一遍。我也比较倔，有时候会讲道理，有时候就直接靠大吼让他屈服，因为我想以后在社会上不见得人人和你讲道理，必须要学会灵活处理。这时他往往就流着眼泪照做了。

所有这些都不至于要自杀吧？

我们的家庭条件还行，家里人关系很好，不应该有负面影响。我们也不算很宠他，平时还鼓励他做一个男子汉，他在球场上的表现也有模有样。怎么会想到自杀呢？

真妮，我该怎样面对这个问题呢？

苦闷的爸爸

苦闷的爸爸：

你好！

孩子想自杀的根源在你身上，你的责骂严重地伤害了他的自尊和感情。因为你是男人，我说话就严厉一点。责骂孩子是你自己无能的表现，大人打骂孩子大多数情况下都是自己气急败坏、没有找到有效的教育办法时的情绪发泄。你对他的要求已经那么严厉粗暴了，你还认为自己挺尊重孩子的，这样的认识落差会让你没有底线地伤害他。

你说自己克制不了，那么你敢不敢去凶给你开罚单的警察？你敢不敢凶你的老板？不是不能克制的问题，而是是否有后果的问题。如果现在你凶了孩子，孩子马上自杀了，你能不能克制住？

他读书时加字漏字，不一定是不认真，他的注意力还不能集中那么长时间。男孩发育会晚些、慢些，你要给他时间，孩子不能一下子就达到了大人要求的程度。让小孩说大人话，像大人一样思考、学习，都是违背孩子身心发育规律的。

你以为他不是不能而是不够认真，那是你以为，不是事实。你冤枉他的时候，他还不可以辩解，只需要服从，这就是法西斯作风了。孩子流着泪屈服，他心里该是多么压抑和委屈啊！

如果你太太，三天两头因为你做家务达不到她的要求就劈头盖脸地骂你，冤枉你了不许你辩解，只能按照她的要求重做一遍，否则就骂得更厉害，你做不到的事情就是态度不认真，就要骂你一顿，你会怎么样？会不会想到和她离婚，离开她？或者是你老板这样对你，你会不会想到跳槽？孩子也一样，因为你的粗暴对待想用离开这个世界的方式离开你。

你的强迫、控制已经把孩子的精神上的生存空间完全剥夺了，他的内在没有办法生长，所以他窒息得想要解脱。

你必须彻底改变自己的观念和行为，以后想对他发火的时候，站起来，走几步，使劲大喘气；或者在心里从一数到十，如果还是控制不住，起身离开现场，出去待一会儿，气消了再回来。我还建议你，不要再去管他的学习了，让他自己管自己，效果一定比你管还好，因为他可以拥有自由意志。或许成绩暂时会出现反复，但是从长远看，他学会自我管理，一定会有长进的。这样也减少了你们父子冲突的次数，对你们两个人都好。

三年级的孩子，成绩没那么重要，他的身心健康更重要。

多陪他玩耍，一起读书看电影、踢球、游泳、下棋，让父子之间建立起亲密的联系。每天摸摸他的脑袋，拥抱他几次，让他切切实实感受到你对他的爱，无条件的爱。督促孩子学习不是你的职责，孩子自己有内在的学习动力。让孩子拥有幸福童年，这才是你的职责所在！

衷心祝福！

真妮

如何把敏感胆小的儿子培养得勇敢坚强？

真妮您好！

我儿子八岁了，上小学三年级。他从小就是个性格特别敏感、黏人、胆小的孩子。比如上幼儿园老爱哭；遇到事情想的特别多，瞻前顾后怕这怕那的，做事犹豫；不敢勇敢地说出自己的想法，在人群中总是退缩在后面；现在上小学了，遇到各种困难包括学业上的困难，也要哭鼻子。

我经常反思是否我们的家庭教育有问题。我承认我和老公还有他爷爷奶奶对他的要求都比较严格，但是我们一直是民主的跟他讲道理，也给予他充分的游戏玩耍时间，尽量合理地满足他的要求。为了锻炼他的胆量，从小我就想方设法带他参加各种社会集体活动。他在家里的表现也比较放松，他还有个妹妹，我们都觉得他是个大度的好哥哥。我也发现了儿子的点滴进步，跟别人比可能还是很胆小，可跟他以前比肯定是进步的。

可是他现在很难控制自己的情绪，在家里碰到一点点不顺心或麻烦困难的事情就要生气发脾气或者哭闹。跟他讲过很多次道理，可是到了关键时候，他还是老样子。

怎样才能引导他成长为一个坚强、勇敢的男子汉呢？希望与您交流一下。

谢谢！

一个焦急的妈妈

焦急的妈妈：

你好！

美国这里培养男孩子坚强的性格大多是通过参加体育运动，尤其是群体运动，比如足球、篮球、橄榄球、冰球等来建立的。你可以根据孩子的兴趣让他参加某种体育项目，这对于孩子的身心都是非常好的锻炼。

每个孩子性格都不同，你儿子如果天生就是敏感胆小型的，那么他即使参加运动了，只会有所改善，却不会完全变成一个粗犷勇敢的孩子。你必须要接受孩子的性格，不能按照自己想要的样子去要求他，允许他做他自己。

每种性格都有其优缺点，并没有好坏之分。勇敢皮实的孩子往往坐不住，调皮捣蛋，莽撞，有家长来信问我怎么可以让自己的调皮孩子安静地坐下来学习，不惹祸，哪有那么正好的完全符合父母心愿的孩子呢？

敏感的孩子，接收外界信号的能力强，所以不良信号会很容易让孩子受伤，使之变得不自信；同样，赞美和欣赏也更能激励他，所以对待敏感的孩子要格外注意去鼓励他，肯定他，帮助他建立自信心，有了自信他才会有勇气尝试新事物和表达自己。敏感的孩子往往在音乐和艺术上有优势，所以你还可以尝试让他学习一门乐器，多出去参加表演，也会帮助他变得自信些。

孩子碰到不顺心的事发脾气或者哭闹，当时先不要跟他讲道理，看他感到挫折的地方在哪里，让他把感觉说出来，认同他的情绪，这样可以把他的挫败感疏导出来，然后再和他一起想办法解决问题。等到问题解决了、他的情绪平复了之后，再去讲道理，启发他去想想遇到问题哭闹是否有用，能找到哪些办法解决问题：比如可以自己再好好想办法，可以和对方沟通，可以找大人帮助，可以自己查书等。

最关键的，你要真正从心里接纳他，让孩子真切地感受到你对他的爱，平时多鼓励多给他拥抱，有质量地陪伴他，不让他觉得父母对他不满意，觉得自己胆小是缺点，你完全的接纳才会让孩子真正拥有自信和勇气。

衷心祝福！

真妮

上初中的孩子不努力学习怎么办?

亲爱的真妮姐姐:

　　你好!

　　我是一名英语老师,是那种工作很认真的人,无论干什么工作都能出色地完成任务。但是十二岁的儿子却是那种"不求进取"的人。比如我认为考试一定要将近一百分或是一百分,在班级前三名,但是他自己觉得八十多分就可以了。无论我讲什么样的大道理,譬如:社会竞争很激烈,不上好大学找不到好工作等。他都我行我素,该看书看书,该到街上和小朋友一起玩就玩。学习一直不上不下的。偶尔为了和小朋友多做会儿游戏,还要撒谎说没有作业或少做一些,为此我和他斗争了六年,仍然经常被骗。

　　最让人恼火的是他的卫生习惯。我是个非常爱整洁的人,但是儿子却偏偏要在家里赤脚跑,上床"练武功",在床上吃东西,乱扔衣服……很奇怪他怎么没有被我潜移默化?所以我经常批评他,最后极尽讽刺挖苦,但都以失败告终。老师曾把我叫到办公室,抱怨孩子卫生习惯不好,我觉得他把我的脸都丢尽了。

　　自己教英语,儿子却因为不喜欢自己的英语老师而英语很差。每次我想教他时,他总是很不耐烦,一点也不爱听,我只好放弃,但是内心又着急上火。

　　儿子今年八月就该上中学了,我很怕他到了青春期,来了逆反心理更难以管教了。儿子非常聪明,可是我该怎么教育他呢?

一个非常苦恼的妈妈

苦恼的妈妈：

你好！

你的这封信涉及了现在的父母普遍的教育理念的问题。很多父母期待的好孩子的人生轨迹似乎就是：进好幼儿园→进好小学→考上好初中→考上好高中→考上好大学→找到好工作→挣大钱→幸福人生。

孩子的幸福童年、火热的青少年时光就变成了这样简单粗暴毫无逻辑可言的一条直线，仿佛只要成绩好了就有了一切。实际上考上好大学与找好工作没有必然联系，挣大钱与幸福之间也不能画等号。只是这样一条路线是能够看得见的成功，能让父母有安全感，所以被父母们推崇并力行着。

在一个群体里，即使每个人都百分之百地努力了，依然会分出成绩高低来，有些人比较擅长考试，还有些人有实力却在分数上显不出来。分数固然重要，却不是评价孩子的唯一标准。人的成功与幸福，和在学校的成绩，是否进了前三名，是否考了一百分没有多大关系的。在学习上，孩子对学习的兴趣对知识的渴望、他学习和运用知识的能力以及胜不骄败不馁的心态才是父母应该保护、看重和培养的。

学习成绩不那么突出的孩子有其他方面的长才，家长应该做的是去挖掘孩子的长项，更要注意维护孩子持续发展的能力，让孩子在学习上有后劲。为什么有那么多孩子上了大学之后就放任自流了，原因在于高中之前，他们的学习积极性和学习潜力被耗尽挖空了。

在我看来，你的儿子颇有智慧：考试成绩保持中游，很得中庸之道的精髓，时间花在看书和小朋友玩上，学到了真正有用的知识和能力。小孩在和朋友的相处中学到很多与人打交道的能力，锻炼观察能力、想象力、创造力，会玩爱玩的孩子都比较有生活情趣，开朗活泼，对生活充满热情，这些都是非常可贵的人格特质。

我劝你不要在孩子的学习上纠缠，那些"有出息"的孩子都不是父母使劲推给推出来的，而是孩子本身资质上等又有上进心，知道自己想要什么。你儿子恰恰属于这种孩子，他既有主意，情商又高，将来的发展一定会很好，等到他自己想要努力的时候，会一飞冲天的，前提是你能对他少一些打击和逼迫。

孩子虽然是你生的，却是个独立的个体，不会和你完全一样，否则这个世界已经有你了，何必再来一个一模一样的你？孩子也不是父母的面子工程，他是他自己，让他保有自己的一点喜好吧。我们或许不赞成孩子的观点，但是要理解。就像孩子的卫生习惯，你觉得整洁有序是正确的，他可能觉得那样的环境很束缚，喜欢凌乱一些，无拘无束些，要给孩子一点发展自我的空间。我对自己孩子的态度就是孩子自己的屋子让他自己做主，家里公用的地方让他遵守父母的规定，既给他立规矩也给他自由。

对孩子不能"极尽讽刺挖苦"，妈妈在任何时候都不应该这么对孩子，太伤孩子自尊心了，这样孩子很难和你建立起亲密的关系，很难真正听从你的建议。

我给你的具体建议是：

第一：每天都挑出几条优点表扬儿子。当他没有违反你的规矩时，表扬他，而不是等到他犯了错再去批评。孩子会因为你的赞赏鼓励行为上越来越好的。

第二，学习上放手，你不要去给他提要求定目标，等待他自己开窍。

你只有从根本上改变对养育孩子的认知才能够和孩子和平相处，才能够把母子之间的痛苦对抗变成彼此的愉快成长。

孩子在你身边没有几年的时间，享受和孩子在一起的时光吧！做孩子的朋友，尊重他，接纳他，爱他，让孩子身心健康，每天都快快乐乐的，就是一个母亲对孩子的最好的教育了。

真妮

上高中的女儿谈恋爱影响了学习怎么办?

真妮:

你好!

我的女儿从小优秀,小升初、初升高都是当地状元,现在高二了,跟班上第一名的男孩互有好感,她的成绩下降很快,而那男孩子依然第一。我急得不行,虽然理解这是正常现象,但肯定不能这么听之任之,毕竟国内高考压力太大了。

可是又想不出什么好的法子,很着急。请指点。

爱女儿的妈妈

爱女儿的妈妈:

你好!

自收到你的来信我一直在想,为什么两个互有好感的孩子表现得如此不同,你女儿的成绩严重下滑,而那个男孩子却没受影响?如果正常谈恋爱,他们俩学习上或许都会受点影响或许比着学变化都不大,不应该差出这么多。

这说明你女儿和男孩的这段关系中有不和谐的地方,孩子心中有困惑她、让她倍感挫折的东西。我想你现在首要关心的不应该是孩子的成绩,而是要找到问题的根源,帮助女儿度过这个"坎"。

我猜测有可能是那个男孩子另有喜欢之人,或是有别的女孩也喜欢他，使得你女儿患得患失，造成成绩下降。无论多么优秀的人，在爱情面前都是自卑的。如果真是这样，你这时候一定要给女儿打气。让她知道妈妈理解她的感觉，学生时代的爱情都很纯洁和美好，要好好珍惜。无法取舍的事情，现在不用刻意去做什么，让时间来给彼此一个答案。人的眼界是由高度决定的，高中时的眼界很有限，上了大学就迈上了一个台阶，越好的大学优秀的人越多，自己的成长机会越多，不要让现在的感情波折阻碍了自己迈上更高的台阶。

告诉她什么事情都要有度，无论情场考场职场，保护好自己是第一要务，没有任何人任何事值得自己去遍体鳞伤。

和她谈话像是女朋友之间的谈话，既亲密又尊重她，那么她会把心中的烦恼都告诉你的。母女之间交流渠道的畅通非常重要，母亲了解女儿的内心世界，可以随时帮助鼓励，她就会少走弯路。

不用直接跟她讲学习成绩的事情，她自己优秀惯了，心里一定也为成绩下滑焦虑不已的，给她一点时间去调整，她心结解开后，成绩很快就会回来。

如果你做不到和她站在同一个战壕里，那么你就干脆什么都不要讲，让孩子自己在痛苦中慢慢化解、慢慢蜕变，千万不要给孩子施加压力，这样会起反作用。

恋爱也是要"练习"的，所以有人说"早恋"实际上是"早练"，即使这件事会让孩子受伤害，那么早受伤比晚受伤好，年龄越小伤口愈合能力越强。高中开始谈，换几个都来得及，很快她就明白男孩子是怎么一回事，懂得适合她的是哪种类型的人，这是个学习的过程。女孩在感情上受点挫折，有点历练，学会与异性打交道对于她们的意义很大，可以说决定了她以后婚姻生活的幸福。即使她真的因为恋爱影响了考上好大学，也没有什么了不起的，以她的智商她可以在考研究生时翻盘，进入职场她可以因为能力强而做出成绩。但是如果她在感情上不开窍，你当妈妈的过些年就要发愁了，因为孩子开每一窍都是有时间段的，到了二十几岁感情上还不开窍就难开了。

所以把这件事当做好事看待吧！你持这样的态度女儿也会轻松很多，会更超脱地去对待感情上的困扰。

衷心祝福！

真妮

上高二的孩子不想上学了怎么办?

真妮:

你好!

我儿子今年十六岁,上高中二年级,去年十一放假之后就不想上学了,说学校压力大,要在家待一段时间,目前已经在家两个月之久还没有回学校的意思。通过找心理医生咨询,感觉他一是觉得人生没有目标,没有什么意思,二是感情也出现问题,先是他有女朋友,又觉得有点喜欢别的女生。

我和他爸爸离异多年,我们都没有再婚重组家庭,孩子从小学到现在高二一直住校,我自己感觉平日和孩子的沟通还可以,可能还是不了解他的内心,感情问题他不肯和我说。

他不上学这段时间也不太爱和我交流,在家基本都是在上网玩游戏或者在电脑上看电影,这一段时间以来,我和儿子都不能透彻的谈一次,每次都是浅浅的,涉及关键问题他就逃避了,不让我再说。到目前还是一直在家不回到学校。我想给他写信,表达我的关怀和想法,但又不知道怎么写,究竟写不写,我很矛盾,也很无助,特别想得到您的指点,让我能够有合理的办法和足够的勇气去处理这事,否则,我觉得我都快崩溃了。

非常感谢您!

焦急的妈妈

焦急的妈妈：

你好！

冰冻三尺非一日之寒，孩子一直住校，和父母没有建立起良好的沟通，积累的问题现在来了一个总爆发。不过你换个角度去想，比起有的孩子崩溃了，有的孩子做了难以挽回的傻事，孩子能够主动让自己停下来，不再去继续承受压力，不管对谁都是幸事。

我想你现在首先要接受他无法回到学校去上学的事实，在这个基础上，思考怎么可以帮助他继续往前走。如果你抱着无论怎么样只要他能回学校上学就行了的想法，是没有用的，回到学校解决不了他的根本问题。

孩子对生活已经失去了热情，没有了目标和对未来的向往，现在不是父母想要怎么样的问题，而是孩子可以怎么样。是否回学校上学不重要，重要的是怎么样重新燃起孩子对于生活的热情。

你自己先把观念转过来，孩子才有可能改变。先尝试和他建立起亲密关系，建立起沟通管道，这样你才能走进他的心里从而影响他。

首先必须要接纳他，接纳是对过去的事情不再计较，不去评判他的对错，不去提要求，只有这样，他才会和你沟通，这件事也才会有转机。

我建议你试试这么做：每天都和他聊个半个小时一个小时，一开始不用深入地谈，就随便聊聊你白天做过的事情，也问问他都干了些什么，聊聊他小时候的事儿，聊亲戚朋友家长里短的事儿，聊聊他玩的游戏或看的电影，聊聊你和他爸爸曾经的相亲相爱，后来为什么不能相处下去，这也许是他的心结之一，聊聊他对于女孩子的看法，喜欢什么类型的等。很放松地把他当做一个平等的朋友而不是他的监护人的角色来聊，有些事情可以问问他的意见。等到他放下心防之后，你再深入地和他谈他的未来的问题。

这期间，要找机会向他道歉，说你自己长期以来忽视了他在学校中遇到的问题，没能及时帮助他解决，使得事情发展到他难以面对的程度。同时告诉他你对他的评价，把你眼中他的优点一项一项说给他听。告诉他你很欣赏他，一直都知道他是个有责任心的、肯思考的有主见的孩子。告诉他你爱他，你希望能够帮助他，无论他有什么想法，你都会支持他。他已经快成年了，正是学着自己做决定的阶段，你会尊重他的意见，帮助他达成他的理想。

问他对以后的打算时，很认真的倾听，全神贯注地看着他，听他讲话，不要打断他，如果你一时无法回答他的问题，就诚实地告诉他你要仔细考虑一下。如果他说自己没有打算，那么你可以问问他对哪些工作感兴趣，将来想从事什么职业等。

如果只是现在这所学校的问题，转学是否可行？或者是否需要休学一年，让他有时间去考虑未来要走的路。

要是他打定主意就是不想上学了，那么，他得好好想想怎么去赚钱养活自己才行。父母不可能陪伴他养他一辈子，每个人都要靠自己立足于世，一个男人，不仅要养自己，以后还要养老婆孩子，女孩子也都是喜欢有生活能力、有事业、有担当的人。

给他提供一些建议，比如，现在先在家里帮你干些家务活挣钱，然后再出去挣钱，或者到职业学校学一技之长。不要跟他说你应该怎么样，那样就把沟通的门关上了，最主要的要问他你想怎么样？你的态度不是逼迫，而是敞开接受他，孩子能够感受得到，他会向你敞开心扉。

既然他不去上学，那么把家里的各种杂事都交给他去做：修理东西、买菜、做饭、洗衣、打扫卫生、交水电费用……爷爷奶奶家姥姥姥爷家的事情都让他跑腿去做，你放手让他做事，他会对实际生活产生很多感悟，到时候可能自己又想回去上学了，或者下决心做点什么都有可能。对于他的点滴进步，都给予真诚的表扬和赞赏，让孩子感受到你的爱和接纳，对自己产生一份自信。

　　曾有一个母亲也给我来信咨询过同样的问题，她儿子因为学习压力太大而不肯上学，我给她回复了差不多的内容。在和孩子的沟通中，孩子告诉母亲自己不想上大学，想去开个小店。我建议母亲现在就把供他上大学的钱拿出来资助他开店，可是母亲不放心，怕不安全，怕孩子管不了，怕很多事情，还是希望孩子能回学校上学。她甚至不让孩子独自出门，怕万一碰上社会上的小混混就麻烦了，让孩子做家务觉得男孩子不用做这些。孩子这样被妈妈过度保护和溺爱，即使上了大学，也是要经过痛苦的自立过程才能适应的，更别说现在上学这条路已经走不通了。父母必须帮着孩子再开一条路出来，这比起让孩子回学校，父母要格外操很多心，有很多变数，但是是给孩子的人生引上一条自食其力的活路。孩子自此会逐渐成熟起来，在社会大学学到安身立命的本领，等到有一天他也许意识到自己需要学习些专业知识，到那时自己会有动力回到学校进修。

　　对于孩子来说，世上有很多条路，上大学只是其中的一条 —— 被社会公认的比较有效的一条而已，却不见得适合所有的孩子。

　　如果可能，有一个办法可能更快更有效地让孩子改变，就是你或者孩子的父亲带他去全国各地的名山大川、偏远山区走走，让孩子在大自然中、在各种不同的生活形态中打开胸襟和眼界，体验到生活的不易和美好，同时这也是密切亲子关系的良机。在行程中让他处理订票住店等事宜，孩子的办事能力也得到了锻炼。等到孩子有经验之后，可以让他单独跟着驴友一起旅行，一年下来，他一定会大有收获，变得成熟与自信起来，自己能想清楚未来的路怎么走。

　　坏事可以变成好事，把他不上学这件事变成密切亲子关系的契机吧，同时让孩子在这个变故中学着为自己的生活负起责任，重新燃起生活的热情。

　　祝愿你的儿子早日找到自己要走的路！

真妮

孩子进了一流高中学习跟不上怎么办？

真妮：

您好！

我女儿今年十七岁，是个活泼开朗，乖巧孝顺的孩子。去年中考她取得了不错的成绩，达到了一类高中的分数线，但是距一类中最好的高中录取分数差了两分，而她达线的高中从这届开始搬到了乡下，我和老公经过权衡，决定出三万块钱让女儿进了最好的高中。

上了高中之后，一些问题开始显现出来。这个高中录取的都是全市的高分学生，基本都是既聪明又认真的孩子，我的女儿明显不适应，所以成绩一直不太好，一直在四十名左右徘徊（班上五十二个人），她自己也很郁闷，我呢也只能不断的鼓励她，说实话我对这个名次也不太接受，她小学一直在十名左右，初中也在二十名左右。我们对她的要求只要她能跟上中等同学的步伐就可以了。她这样我也只能急在心里，但是我不能对她失去信心，我跟她一起探讨造成这种成绩的原因，也帮她请了家教。在探讨过程中发现她的一个初中就有的坏习惯，似懂非懂。初中因为知识还比较浅她还能对付，到了高中知识加深变多她就明显不行了。而且一段时间这个名次后她也有点泄气，发展到现在有点无所谓的态度。从小她的脑子就比较懒，碰到问题常常等别人去教她，碰到新问题她的第一个反应会是老师没教我不会，然后就等着你去教她，不肯自己先动动脑子思考一下。她从小就是我逼一逼她她就上，我对她放松她自己就会坐滑梯，在过去的小学和初中一直是这么起起落落过来，我想她的学习方法有问题。

真妮你说像她这种似懂非懂的坏习惯还来得及改吗？有什么方法改？还有我要怎样做才能保持她在学习上积极向上的心态？距高考还有两年时间，她这样沉下去了可能连大学也考不上的。她平时有点喜欢管闲事，自控力差。

盼回复，谢谢您！

心急的妈妈

心急的妈妈：

你好！

依你女儿的初升高成绩，她在第二名的高中里名次可以排在前面些，她在第一名的高中里落在后面是很正常的，因为她并没有达到这所高中的录取标准。她的成绩能达到四十名而不是最后的几名，你应该很满意了才对，孩子已经超水平发挥了。就像你说的，那儿的每一个孩子都是初中各校的优秀生，他们的背后也都有像你这样的家长在想方设法督促、挖掘孩子的潜力、改进学习方法，到最后，决定成绩的除了孩子的学习智力就只剩下运气了。

哪个孩子都想考得好一些，都想得到父母老师的认可。但是每个孩子都不一样，孩子做不到不是因为态度或者习惯，而是能力不及。如果父母给孩子设置的标准是他们无论怎么努力都达不到的，他们就只有自暴自弃了，或者沉迷游戏了，或者精神崩溃了，要不还能怎么办呢？你女儿现在就趋向于自暴自弃，因为你对她的期望值超出了她的能力所及。

孩子成绩落后本身就很有挫折感了，大人不能再给她压力了。不是说她努力了、改掉了所有的学习上的毛病就能达到父母想要的名次。父母在孩子挫败的时候要教她怎么去面对，调试自己，做到尽力而为就好，而不是单纯地以名次去衡量她。她考上二十五名（你满意的中游）和现在的四十名，差了十五名，中间隔了十五个人，对于她的未来会有什么本质的不同呢？难道说考了二十五名就能上好大学，就有幸福生活了，考了四十名就考不上大学，人生就不幸了？

不同之处只在于你这个当妈的感觉而已，她只要在中游你就会安心了，你需要孩子的中游成绩免除自己对孩子未来的担心。

即使考不上大学天也塌不下来，我最近收到一个网友的信就是个很好的例子：

"真妮您好！我无意中在当当网上看到了你的书，由此开始成为你的忠实读者。我在高中时期过得很不快乐，我所在的学校是重点中学，竞争压力可想而知，自己进入高中以来就没法适应，所以有段时间还出现了神经衰弱症状，这种状况没有考取大学就成为理所当然的。后来家里出钱还是读了个大专，但是我读的专业非常适合我，大学两年我非常快乐。工作后，我通过自己的努力拿到了梦寐以求的自考本科文凭，而且也成了领导的得力干将。对不起哈，给你啰唆那么多，因为我的经历让我在孩子的教育上有了个全新的认识，从小我几乎没有给孩子任何压力……"

这个网友在高中不堪压力以致神经衰弱，但是她在没有压力的大专里如鱼得水，最后在工作岗位也做得很好。

所以，你现在不要用你的标准去要求孩子,别再去想方设法地管她的学习成绩，更应该关注在她的精神、心理、人际关系等方面，帮助孩子疏导压力，肯定自己。孩子积极向上的心态是从父母的信任、鼓励和支持中来的。

每个孩子的智力水平不一样，现在把人的智力分为八个方面去测定，学习能力只是其中之一，有的孩子这方面智力高，有的孩子就低些。有的孩子擅长考试，有的不擅长。因为高考考的是学习能力，所以大多数父母都把眼睛盯在这里，如果我们能把眼光放得远一点，心态平和一些，就会看到，孩子是否上大学，上什么样的大学，并不会对他的人生起根本决定的作用，他的品行、世界观等无法用成绩测定的东西才会。

　　你现在需要做的不是给孩子定目标，而是告诉她：只要努力了就好，结果怎么样都没有关系，爸妈知道你性格好、品德好，以后一定可以有美好的未来。要当孩子的后盾，而不是监工。至于她学习方法问题，我分析是你以前管得太细，事无巨细替她考虑到了，所以她养成了遇到问题自己不去做主只等着你来安排、等老师来教的性格。你想让她有主观能动性，就一定要放手，让她自己决定自己的事情，包括是否需要补习，怎么安排学习时间。不是你认为她需要就得补，同时也让她明白自己做决定要承担责任和后果。你彻底放手了，才会得到一个自主自立的孩子。

　　你信中提到她爱管闲事，我看了之后觉得很亲切，因为我自己就是个爱管闲事的人。这也许正是你女儿的优点，她对人际关系敏感，她有爱心有勇气又有社会活动能力，这是她的强项。不要把这个看成她的缺点去压抑贬损，她以后会很可能因为这些素质在社会上找到自己的位置。

　　顺应孩子的天分，不去干扰她，让她做自己、学着独立。你要学会将注意力放到自己而不是孩子身上，学着放手，给孩子成长的机会，找回你自己。这是我发自肺腑给你的建议。

真妮

接纳自己，接纳孩子

这几年收到了许许多多的父母来信，讲述他们在育儿过程中遇到的各种问题，这使我逐渐意识到，父母对孩子的"尊重、接纳和爱"，是孩子健康成长的基石，有了父母对孩子人格的尊重，对孩子个体差异的认可和接纳，孩子才能成长为自信、有安全感、具备独立人格和热爱生活的人，孩子才会奠定未来幸福生活的基石。

我的第一本育儿书《用尊重成就孩子的一生》，重点讲述了"尊重"对于孩子的重要性，这本书侧重点放在父母对孩子的"接纳"上。

现实生活中，大多数父母都认为自己孩子有各种各样的问题，比如孩子胆小、不够专注、没有爱心、脾气倔强、不听话、不够努力等。这些标签真的是孩子的毛病吗？不是的，我们给孩子贴上负面标签的原因在于我们在心里对孩子有诸多要求，有个想象中的好孩子的标准，而孩子没有达到。根本上说，我们不能容忍和接受孩子与我们期望的不同。假如父母接受孩子，把孩子当做一个完整而自由的个体，则会看到孩子所谓的"不够活泼"实际上是性格稳重，"不够专注"是兴趣广泛，"易受欺负"是宽容大度，"脾气倔犟"是有主见……

每个孩子内心最大的渴望，都是爸爸妈妈完全地接纳自己、无条件地爱自己，这是他自爱自信的源泉。

真爱一个人就让他做自己，而不是我们心中为他勾画的样子。他自己的样子也许不是我们希望的，却一定是最适合他的。当孩子拥有了强大的内在，人格健全，能为自己的人生负起全部责任，他会以自己的方式成才，无论从事什么职业都会拥有幸福的人生。

无条件地接纳是父母能给予孩子的最好礼物。

曾有一个妈妈跟我说：道理我都懂得，父母应该接受孩子，这样孩子才能有自信和安全感。可是遇到孩子做作业磨磨蹭蹭、上台表演慌慌张张或者考试因为马虎而扣分，我还是控制不住地生气发火，究竟怎么样才能做到对孩子无条件地接纳呢？

其实想做到很简单，就是要先做到无条件地接纳自己。

如果父母自己没有安全感，就会对孩子的未来充满了焦虑；自己没有自我肯定，会从负面角度去评断孩子；父母如果不接纳自己，也就无法全然地接纳孩子，总是想把孩子变成自己心中完美的样子。如果能够往内心深入地探索进去，会发现那个虚幻的完美孩子，其实是小时候自己想变成而没能做到的。

本质上，我们觉得自己不够好。

孩子所谓的不足，通常是大人把自己内心的阴影投射在孩子的身上。自己小时候常受欺负，就会特别在意孩子是否受欺负，自己小时候性格被大人说胆小不大方不善于交朋友，就特别在意孩子的性格是否外向是否会交朋友……

抚育孩子的过程，实际上是父母不断地发现自己、教育自己、提升自己的过程。

当父母能够接受自己在各方面都是个不错的人，不再拿自己与别人比较，对自己的生活状态比较满意时，也就能够从正面角度看孩子，不去期待孩子变成"自己想要的样子"，允许孩子按照自己的生命节奏成长。

所以，与其送孩子去课外班，不如父母自己参加一些心理提升课程、灵修工作坊、阅读一些相关的心理学和自我成长的书籍，有心理创伤的人可以看一些相关的治疗书籍，以健全自己的身心，强大自己的内在，最后做到完全地接受自己，爱自己。

如此，我们会自然而然地接受孩子，接受配偶，接受 —— 所有的人。

下面这首诗，是黎巴嫩诗人纪伯伦所作，它真切地表达了父母与孩子之间的关系。

On Children

—— Kahlil Gibran

Your children are not your children.

They are the sons and daughters of Life's longing for itself.

They come through you but not from you,

And though they are with you, yet they belong not to you.

You may give them your love but not your thoughts.

For they have their own thoughts.

You may house their bodies but not their souls,

For their souls dwell in the house of tomorrow,

which you cannot visit, not even in your dreams.

You may strive to be like them,

but seek not to make them like you.

For life goes not backward nor tarries with yesterday.

You are the bows from which your children as living arrows are sent forth.

The archer sees the mark upon the path of the infinite,

and He bends you with His might that His arrows may go swift and far.

Let your bending in the archer's hand be for gladness;

For even as he loves the arrow that flies,

so He loves also the bow that is stable.

论孩子

—— 纪伯伦

你的孩子，其实都不是你的孩子。

他们是生命渴望自身的儿女。

他们借你而来，

却并非来自于你，

他们虽然和你在一起，却不属于你。

给他们你的爱，而不是你的思想，

因为他们有自己的思想。

给他们的身体提供居所，但不要禁锢他们的心灵，

因为他们的心灵栖息于明日之屋，

那是你在梦中也无缘造访的地方。

你可以尽力变得像他们一样，

却不要让他们变得像你，

因为生命不会倒行，也不在往昔停留。

你是弓，孩子是离弦的生命之箭。

那射者在无穷之间看准了目标，

用神力将你引满，使他的箭疾驰远射。

让你欣然在射者的怀里弯曲吧，

因为他既爱那飞翔的箭，也爱这稳定的弓。

最后，祝愿天下所有的父母身心安康，愿所有的孩子都能健康快乐地成长。